Sin puertas visibles

An Anthology of Contemporary
Poetry by Mexican Women

D0391772

Sin puertas visibles

An Anthology of Contemporary Poetry by Mexican Women

Edited and translated
by Jen Hofer

University of Pittsburgh Press
Ediciones Sin Nombre

Published by the University of Pittsburgh Press,
Pittsburgh, Pa., 15260
Published in Mexico by arrangement with Ediciones
Sin Nombre

Manufactured in the United States of America

Printed on acid-free paper

10 9 8 7 6 5 4 3 2 1

ISBN 0-8229-5798-1

Grateful acknowledgment is made to the Fideicomiso
Mex–EUA para la Cultura / The U.S.–Mexico Fund for
Culture and the University of Iowa Department of
Comparative Literature, for providing partial funding for
this project.

Muchas gracias al Fideicomiso Mex–EUA para la
Cultura / The U.S.–Mexico Fund for Culture y la
Facultad de Literatura Comparada de la Universidad de
Iowa, por el apoyo económico que aportaron a este
proyecto.

LIBRARY OF CONGRESS CATALOGING-IN-PUBLICATION DATA
Sin puertas visibles: an anthology of contemporary
poetry by Mexican women / edited and translated by Jen
Hofer.
     p. cm.
   ISBN 0-8229-5798-1 (pbk. : alk. paper)
   1. Mexican poetry—Women authors—Translations
into English.   2. Mexican poetry—20th century—
Translations into English.   I. Title: Sin puertas
visibles.   II. Hofer, Jen.
   PQ7263.E5 N68 2003
   861'.640809287'0971—dc21
                                        2002014516

This book is for my family

especially
Marcia, Ricardo, and Amy

and especially Melissa.

Dedico este libro a mi familia

especialmente
Marcia, Ricardo, y Amy

y especialmente Melissa.

Intuition—or what could pass as such—lies . . . in [the reader's] uncon-
scious refusal to enter any house directly through the main door, the
one that by its dimensions, characteristics and location, offers itself
proudly as the main entrance, the one designated and recognized by
both outside and inside as the sole threshold.

To take the wrong door means indeed to go against the order that
presided over the plan of the house, over the layout of the rooms, over
the beauty and rationality of the whole. But what discoveries are made
possible for the visitor! The new path permits [the reader] to see what no
other . . . could have perceived from that angle. All the more so because
I am not sure that one can enter a written work without having forced
one's own way in first.

. . . In the book, there are no visible doors, and by evoking its
order, its law, I allude only to the luminous progress from page to page
by author and reader, both united in the same adventure and hence-
forth accountable only for their own steps.

—Edmond Jabès, *From the Book to the Book* (trans. Pierre Joris)

La intuición—o lo que podría pasar por tal—reside . . . en el rechazo
inconsciente del lector para entrar a cualquier casa directamente por la
puerta principal, la que por sus dimensiones, características y ubicación
se ofrece orgullosamente como la entrada principal, aquella que ha
sido designada y reconocida por el interior y el exterior como el umbral
único.

Pasar por la puerta equivocada significa, en efecto, oponerse al
orden que presidía sobre el plano de la casa, sobre el esquema de los
cuartos, sobre la belleza y la razón del conjunto. ¡Pero qué descubri-
mientos se hacen posibles para el visitante! El nuevo camino permite
(al lector) ver lo que nadie demás . . . hubiera podido percibir desde ese
ángulo. Y aún más porque no estoy seguro que se pueda entrar en una
obra escrita sin primero haber forzado la propia entrada.

. . . El libro existe sin puertas visibles, y cuando evoco su orden, su ley, me refiero solamente al progreso luminoso de página a página del autor y lector, ambos unidos en una misma aventura y de aquí en adelante responsables sólo de sus propios pasos.

—Edmond Jabès, *From the Book to the Book* (trans. Pierre Joris/Jen Hofer)

The warmth of the air in the white cities,
in the open and luminous cities.
The enigma of the air in those same cities:
a gust of infinity against doors delicately carved;
against gleaming, fractured walls.
A dense space like a murmur growing
beside the shimmering water. The sun of the early hours;
everything fuses, elapses, outside the temple,
everything absorbs textures.
—We are grown transparent, jewel-set, funneled by that space:
it wakes, exhibits the palpable-no-light-no-voice.

—Coral Bracho, from "Character in the Silence (A Place)"

La tibieza del aire en las ciudades blancas,
en las ciudades abiertas y luminosas.
El enigma del aire en esas mismas ciudades:
un soplo de infinito sobre las puertas labradas con suavidad;
sobre los muros tersos, hendidos.
Un espacio denso como un murmullo que crece
junto al agua espejeante. El sol de las primeras horas;
todo se conjuga, transcurre, fuera del templo,
todo absorbe texturas.
—Somos transparentados, engastados, vertidos por ese espacio:
despierta, muestra lo palpable-sin-luz-sin-voz.

—Coral Bracho, de "Personaje en el silencio (un lugar)"

Contents / Índice

Ana Belén López

Silvia Eugenia Castillero

Mónica Nepote

Dana Gelinas

 *Acknowledgments / Agradecimientos*

This book could not have taken shape without the generous gifts of conversation, provocation, companionship, and encouragement provided by Luis Cortés Bargalló, Óscar de la Borbolla, Coral Bracho, Norma Cole, Caroline Crumpacker, Santhosh Daniel, Wendy Deutelbaum, Patrick Durgin, Melissa Dyne, Ken Ehrlich, Beatriz Escalante, José María Espinasa, Forrest Gander, Adrián García Gómez, Carlos García-Tort, Rita González, Kitty High, Brenda Hillman, Marcia and Ricardo Hofer, Pierre Joris, Elaine Kiley, Harriet Lerner, Steve Lerner, Deborah Lowe, Nathan MacBrien, Joe McGowan, Dee Morris, Richard Moszka, Michael Palmer, Damon Schindler, Eleni Sikelianos, Susan Simpson, Roberto Tejada, Marianne Toussaint, Naomi Uman, Kathrin Wildner, and Heriberto Yépez. I want especially to thank the numerous Mexican poets whose work does not appear in this book, except insofar as it richly informed the work that does.

No hubiera podido desarrollar este libro sin el generoso apoyo en forma de conversación, provocación, camaradería y animación brindado por Luis Cortés Bargalló, Óscar de la Borbolla, Coral Bracho, Norma Cole, Caroline Crumpacker, Santhosh Daniel, Wendy Deutelbaum, Patrick Durgin, Melissa Dyne, Ken Ehrlich, Beatriz Escalante, José María Espinasa, Forrest Gander, Adrián García Gómez, Carlos García-Tort, Rita González, Kitty High, Brenda Hillman, Marcia and Ricardo Hofer, Pierre Joris, Elaine Kiley, Harriet Lerner, Steve Lerner, Deborah Lowe, Nathan MacBrien, Joe McGowan, Dee Morris, Richard Moszka, Michael Palmer, Damon Schindler, Eleni Sikelianos, Susan Simpson, Roberto Tejada, Marianne Toussaint, Naomi Uman, Kathrin Wildner, y Heriberto Yépez. En particular, quiero agradecer a los y las numerosos poetas mexicanos cuya obra no aparece en este libro, salvo hasta donde enriqueció profundamente la obra que aquí se presenta.

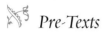 *Pre-Texts*

> *The foreigner allows you to be yourself by making a foreigner of you . . .*
> *Reciprocal affinity molds us.*
>
> —Edmond Jabès (trans. Rosmarie Waldrop)

> *. . . a nation of writers . . . we are all potentially involved in several*
> *nations at once, none of whose boundaries are static . . . an infinite*
> *nation in that it has no finite borders or even location, and no limit to*
> *its populace.*
>
> —Cole Swenson

> What will my new instrument be
>
> Just this water glass
> this untunable spooni
>
> Something else is out there
> goddammit
>
> And I want to hear it
>
> —C. D. Wright, from "And It Came to Pass"

It was with these three quotes that I opened the call for work for this anthology, a call published in cultural supplements in the newspapers *La Jornada*, *Reforma* and *unomásuno* and roughly twenty-five literary magazines throughout Mexico, and posted at Casas de la Cultura (state-run cultural centers; in some states, the only publicly available manifestation of and/or forum for cultural production) in all thirty-one states in the Mexican Republic. My hope was that casting thus a wide and public net would lead me to the work of emerging or less established poets (especially ones outside Mexico City), work I might not have found through my own geographically, temporally, and materially limited explorations in libraries and bookstores, at cultural centers and poetry readings, in literary magazines and weekly newspaper literary supplements, or in conversations with other writers.

By purposefully placing myself and my poetic / translating practice in a context that is not and could never be my context—or if so, only partially, determinedly, with multidirectional compromises at every turn—I sought to unsettle myself, to undermine my own habits as reader and writer, to actively work against the normalizing forces and inertia of comfort which lead to facile assumptions of knowledge: in short, to learn, from inside a culture not my own within which I am irremediably outside. To explore precisely that atmosphere—context—which so neatly (raggedly) eludes description (perhaps because, as an atmosphere, it is everywhere) and which is so obstinately determinant, as it is inextricable from both experience and analysis. So I realized, as I began the arduously pleasurable work of selecting the poets for this anthology, that in this context, I did not know how to read. That is, I was utterly uncertain as to how to understand not the language of the poems but the functioning of that language in its intrinsically multiple contexts: the microclimate of each poem, and the macro-atmosphere of each poem in relation to larger questions of poetic and non-poetic language use, literary and other traditions. If I locate my poetic affinities with those who through their engagement with language challenge—sass or tease or trip—established linguistic, poetic, or political norms (and I do), my question, then, was how to recognize and understand such challenges in a context where the very norms and traditions were different from anything I'd experienced before. I began, and continue, as a beginner.

... knowledge is not 'noise' that occludes the
brighter pattern to be captured in its true essence
nor is it a step toward something else it is how we
arrive and where we stay

—Pierre Joris, from "Aegean Shortwave"

There is no part of me that believes the cultural production of any region, country, current, time, generation, or any other (false) (potentially useful) (provisional) distinction can be adequately represented by any one single book, nor would I hope to create a work that delimits rather than diffracts, that frames to contain rather than frames to provide a view, a way to look out (a window or series of). Certainly, any book or collection has its limitations—rightfully so—as any editor has her criteria and any translator her stylistic preferences, syntactic and tactile and tactical impulses, and politico-linguistic beliefs, whether articulated or intuited or somewhere in-between. This book does not provide a panorama of contemporary Mexican poetry. It does not imply an investment in a new generation, group, or school within the vast Mexican literary terrain. It is not a who's who of what's new in recent writing from Mexico. The view it suggests is not panoramic, not definitive, not generalizing, but rather periscopic and pivoting and particular: it describes, variously, and I hope voraciously, what I have seen in doing this work. It is a bridge suspended teeteringly between my beginner's eye, some emergent writings from Mexico, and any reader who wishes to engage either of those two fields in any of their many possible manifestations.

Actually, they [publications] tend to be a bridge between the private and the public, they are open windows. Above all, they tend to make that border—between one thing and another—mobile, they make the division between the personal and the collective unfixed.

—José María Espinasa

DISTURBANCE SUBMERGED IN THE INTANGIBLE: A NOTE ON PROBLEMATICS

> Vigil that sets sail toward the tenuous
> and light that tapers off
> maybe even disappears,
> subtle dissipation
> the air excavates:
> vanished interior
> which is an outside.
> Disturbance submerged in the intangible.
>
> —Verónica Volkow, from "Arcanum II, The Priestess"

A fan of subtle dissipations and tangible and intangible disturbances, I have often questioned, among other things, the gendered nature of this project. I do not believe that there is inherently such a beast as "women's poetry" (or "men's poetry," either), or that any one element of the complex refracting intricacy that is any person's self (and that's not even considering the terrific flights of fancy, fantasy and fiction available to us through that marvel, the imagination!) can possibly act as the single determining factor in the way we think or the work we make. Poetry is as specific as the bodies, minds, and unsequenced sequences of experience that make each of us each, and lead each of us to write (or be hatmakers or trapeze artists or street sweepers) in utterly different ways, different from one another (with many overlapping spaces where conversation, congruence, and affinity are possible and necessary), and different from ourselves at different times.

What does it mean to be a woman and a poet? Good question, I try to answer that question every day. I don't think of myself as a full-time poet, nor as a full-time woman; sometimes I'm a being who sleeps, other times a being who simply reads or listens to music, someone having a conversation with someone. Actually you're very lucky if you're passionate about your work, and I'm passionate about poetry. There are many advantages to being a woman, there is something very joyous about certain aspects of femininity, and there are also tremendous disadvantages because women have to fight an ideological handicap, but then again that encourages you not to take things too seriously. I think the only thing I really don't like is having to live bound to certain formulas or pre-established ideas of what it means to be a woman or to be a poet. I like to live every instant as a new world.

— Verónica Volkow

When there is a clearly delineated "inside," and many (usually) less-clearly delineated "outsides," as is almost inevitable in a context like Mexico, where so many literary ventures depend on government support for their very existence, where severe class divisions and extreme economic difficulty cohere widely, nearly to the exclusion of truly independent projects, and where both cultural and intellectual production function quite actively (and quite problematically) in the political arena, the question of how artists respond to pressures to conform to normative practice is particularly compelling. Consequently, I was initially and remain still inquisitive as to how those historically and currently excluded from official cultural spheres respond artistically to that exclusion. Considering questions of gender-based exclusion only, until the 1960s (and arguably still dragging on through the 1970s into the 1980s) women were virtually invisible in public literary life in Mexico. And even today, an astounding number of people—and not hatmakers, trapeze artists, or street sweepers, but people whose primary work is within the literary community—express surprise at the very idea that there are enough women poets producing engaging work to be able to form an entire anthology. It is, unfortunately, not an exaggeration to say that women writers in Mexico, especially ones who have yet to establish themselves, or who have no desire to join the establishment, face a general climate of skepticism at best, and outright hostility at worst, and that questions about how writing practice develops in such a climate remain quite pertinent in any exploration of contemporary Mexican literature.

At the same time, my suspicion that there is, even now, reason to explore the problematics of gender in relation to cultural production is confirmed every time (amazingly often) I hear someone refer to my project as "una antología de poetisas" (an anthology of poetesses) or "una antología de poesía femenina" (an anthology of feminine poetry). It is, in fact, not unusual to hear poets of the female persuasion referred to as "poetisas," with not the slightest trace of irony and more than a slight trace of machismo. It is, astonishingly, not unusual even today to read an anthology or literary magazine the lengthy table of contents of which contains fewer than five names of women (sometimes as few as none) in a list of perhaps thirty or forty writers. And, possibly most distressing, it is not unusual to encounter writers of both genders who continue to exhibit the belief (through critical or poetic writings or conversations in cantinas) that there is something innately "feminine" about being female that would lead a lady poet to write flowery verses about domesticity, her children, her womb, and her amorous pursuits (any more than anyone with a home, a family, a body, or a love life might be compelled to write about such topics, in verses flowery or otherwise). It is my hope, then, that rather than serving to delineate the false and flimsy borders of a nation called "Mexican women's poetry," this book will provide multiple vantage points from which to explore how some women choose at this moment to engage poetic practice in Mexico, while simultaneously serving to question the very impulse toward literary nationalism and gender essentialism which would desire such delineation.

> To create a hollow, a patio,
> the nothing of the abstract,
> the coin in the hand,
> the wheel that progresses as it empties,
> the drawing from which a being deserts;
> or to take up, between exact hands, what is lost
> quarry and decanter the statue,
> impossible water and stone.

> —Verónica Volkow, from "Arcanum IV, The Emperor"

IN A HERE / WHERE TO BEGIN: A NOTE ON POETICS

What you see here is not

What you see here is not.
Someone hides a piece from you.

It's the fragment
that makes meaning. It's the word
that alters the order
of the furtive universe. The axis
hidden
atop the thing turning. This memory
you articulate
is not. It's missing the space
that adjusts
chaos.
Someone pulls the threads. Someone
incites you to action. Changes the setting,
rearranges it. Subtracts objects.
Once again you cross
the labyrinth in the dark. The thread
they give you there
does not help you get out.

—Coral Bracho

Translation—though an impulse toward an exterior, toward the "foreign"—
does not primarily help us "get out," except perhaps in the sense of getting out of
habit, or out of place. Translation, rather, helps us get in; it changes the setting,
purposefully disrupting our previously established arrangements and articulations
by introducing "outside" elements. Even as we read literatures outside our "own"
to become familiar with what is going on in other minds in other places, the
impulse of translation is one of defamiliarization, where the friction of the foreign
on the familiar makes the familiar strange: translation simultaneously casts out
toward an exterior and in toward an interior, making us into what Jabès would call
"foreigners," and what George Oppen would call "curious." Translation is not a
bridge on the other side of which lurks "knowledge" of other cultures, other wheres
and hows. Our curiosity toward the foreign, as readers and/or writers—an
indispensable element of any thoughtful life in a world so intricately textured,
so immensely, extraordinarily varied in its geographies and politics and pos-

sibilities—is not one that can be "satisfied." Instead, it is further and more informed curiosity, ideally, which greets us on the far side of that mobile, slippery map which is writing in translation.

(but what does come first: thought or language? the aim of poetry clearly the attempt to put that question out of play by creating the concordance of the two: the shadow and the thing, the thought and the word)

—Pierre Joris, from "Canto Diurno #1"

Translation creates such concordance (and also dissonance, melodic discord) between the thought and its thought shadow, expressed in words that shadow or mirror each other, but happily inexactly, for it is in the incongruent gap between language and language that the strangeness of understanding begins to occur. As much as—perhaps more than—allowing readers a window into another culture, translation, like a two-way mirror, provides simultaneously a view out and a view in, doubling our attention back onto our own language and literature and ways of thinking poetry, even as it illuminates (however partially, in shadowed or stuttered or staggered light) poetic practice elsewhere.

> Point of emanation (flame) fingers in the origin of a color toned down
> The center of equilibrium rains into the void The whole hovers in a here
> where to begin?

—Myriam Moscona, from *Ivory Black*, first section

Translation is a process of reading and unraveling and reconfiguring, an intimate and respectful dismantling of sentence or line or thought in order to compose a reading of it in an other (strange) language. All reading is contextual reading—where we stand matters—and a reader's (translator's) understanding of a text is unavoidably symptomatic of her position. And is asymptotic, always approaching the cluster of thoughts which is the text, but never "arriving" at a fixed position. We read from here, mobile and hovering, and "here" shifts in the reading.

On the wall next to my desk, in addition to a handwritten copy of Newton's laws, are tacked some pertinent reminders on red-bordered mailing labels: a sentence from Lisa Asagi's book, *Physics,* that reads: "In the science of pursuit strangeness happens," and a small fragment which speaks directly to translation's doubling and doubling back, its directional bothness that defies—and how necessary at this moment in history—singularity:

> El ojo que ves no es
> ojo porque lo ves
> sino ojo porque te ve
>
> (The eye you see is not
> an eye because you see
> it, but an eye because it sees you)
>
> —Antonio Machado

Translations look back at us with a strange eye we recognize (though we might not remember from where), providing a reflection, albeit a momentary one which will have shifted by the time we glance back again, of an elsewhere—someone else's "here"—and reflecting also on the "here" we inhabit as we read, which in the light of that reflection looks a little different, and probably is.

> The mobile speaker
>   Appears   vanishes   dilutes
> Is silvered in aquatint
> Crackles   liquefies   absorbs
> One body magnetizes in another
> Smears Rotates
> Touches the sky
> Races beyond silver
> Arcs of flexibility
> Body with body cognizant
> Recognizing is surface: Is no more
>
> —Myriam Moscona, from *Ivory Black,* first section

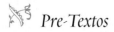 *Pre-Textos*

UN PUENTE QUE ABRE VENTANAS:
UNA NOTA SOBRE EL PROCESO

> *El extranjero te hace posible ser tú mismo al convertirte en extranjero . . .*
> *La afinidad recíproca nos forma.*
>
> —Edmond Jabès

> *. . . una nación de escritores . . . estamos todos potencialmente involu-*
> *crados en varias naciones a la vez, ninguna de las cuales tiene límites*
> *estáticos . . . una nación infinita porque no tiene frontera fija o aun*
> *ubicación, ni su población tiene límites.*
>
> —Cole Swenson

> Cuál será mi nuevo instrumento
>
> Sólo este vaso con agua
> esta cuchara que no se afina
>
> Hay algo más allí afuera
> carajo
>
> Y yo lo quiero escuchar
>
> —C. D. Wright, de "Y llegó a pasan"

Fue con estas tres citas que abrí la convocatoria para esta antología, convocatoria publicada en suplementos culturales de los periódicos *La Jornada*, *Reforma*, y *unomásuno*, y en aproximadamente veinticinco revistas literarias en todo México, y también difundida en Casas de la Cultura (centros culturales estatales; en algunos estados la única manifestación de la producción cultural y/o foro para ella a los que el público tiene acceso) en cada uno de los treinta y un estados de la República Mexicana. Tuve la esperanza que lanzar una red tan amplia y pública me llevaría a la obra de poetas emergentes o menos establecidas (sobre todo poetas fuera de la Ciudad de México), que tal vez no hubiera podido encontrar a través de mis propias exploraciones—limitadas geográfica, temporal, y materialmente—en bibliotecas y librerías, a centros culturales y lecturas de poesía, leyendo revistas literarias, o en conversaciones con otros escritores.

Cuando adrede me ubiqué—a mí misma y a mi práctica como poeta y traductora—en un contexto que no es, ni jamás podría ser mi contexto—o si lo fuera, sólo lo sería de manera parcial, determinada, con concesiones multi-direccionales a cada paso—quise desequilibrarme a mí misma, socavar mis propias costumbres como lectora y escritora, quise esforzarme contra las fuerzas normativas y la cómoda inercia que llevan a fáciles presuposiciones de cono-cimiento: en fin, quise aprender, desde dentro de una cultura que no es la mía, adentro de la cual estoy irremediablemente fuera. Explorar precisamente esa atmósfera—contexto—que tan perfectamente (con imperfecciones) elude la des-cripción (tal vez porque, como una atmósfera, cunde por todos lados) y que es tan absolutamente determinante, como es parte inextricable de la experiencia y del análisis. Al comenzar la arduamente placentera tarea de seleccionar las poetas para esta antología, me di cuenta que en este contexto, no sabía cómo leer. Es decir, me era completamente incierto cómo entender no el lenguaje de los poemas sino el funcionamiento de ese lenguaje en sus contextos intrínsecamente múltiples: el microclima de cada poema, y la macro-atmósfera de cada poema en relación a cuestiones mucho mayores del uso poético y no-poético del lenguaje, tradiciones literarias y otras. Si sitúo mis afinidades poéticas con aquellos que a través de su encuentro con el lenguaje retan—se insolentan o trapisondean o atropellan—las normas establecidas lingüísticas y poéticas (y en efecto allí yacen mis afinidades), entonces mi inquietud fue cómo reconocer y entender tales retos en un contexto donde las mismas normas y tradiciones eran distintas de todo lo que yo había experimentado hasta ese momento. Desde un principio, fui, y sigo siendo, una principiante.

> . . . el conocimiento no es 'ruido' que oculta la
> pauta más clara a capturarse en su verdadera
> esencia ni es tampoco un paso hacia algo distinto es cómo
> llegamos y dónde nos quedamos
> —Pierre Joris, de "Onda corta egea"

De ninguna manera creo que la producción cultural de cualquier región, país, corriente, tiempo, generación o cualquier otra distinción (falsa) (potencialmente útil) (provisional) pueda ser adecuadamente representada por un solo libro, ni mucho menos querría crear una obra que delimita en lugar de difractar, que enmarca para contener en lugar de enmarcar para proporcionar una vista, una manera de mirar a través (una ventana o serie de). Por supuesto todo libro o colección tiene sus límites—con buena razón—tal como toda editora tiene sus criterios y toda traductora sus preferencias estilísticas, impulsos sintácticos y tácticos y convicciones político-lingüísticas, ya sean explícitas o intuidas o algo entre estos dos polos. El presente libro no ofrece un panorama de la poesía mexicana contemporánea. Tampoco implica la investidura de una nueva generación, grupo o escuela en el vasto terreno literario mexicano. No es un quién es quién de lo nuevo en la escritura reciente de México. La vista que sugiere no es panorámica, ni definitiva, ni generalizante, sino periscópica y pivotante y particular: describe con variedad, y espero también con voracidad, lo que he visto en el transcurso de este trabajo. Es un puente suspendido tremulamente entre mi ojo de principiante, algunas obras emergentes de México, y cualquier lector/a que deseara encontrarse con uno de estos dos campos en cualquiera de sus muchas manifestaciones posibles.

En efecto ellas [las publicaciones] tienden a ser un puente entre lo personal y lo público, son ventanas abiertas. Sobre todo tienden a volver esa frontera—entre una cosa y otra— movediza, vuelven insegura la división entre lo privado y lo colectivo.
—José María Espinasa

HUNDIDO DESCONCIERTO EN LO INTANGIBLE: UNA NOTA SOBRE LA PROBLEMÁTICA

> Vela que zarpa hacia lo tenue
> y luz que se adelgaza
> quizás hasta perderse,
> disipación sutil
> que el aire excava:
> desaparecido interior
> que es un afuera.
> Hundido desconcierto en lo intangible.
>
> —Verónica Volkow, de "Arcano II, La sacerdotisa"

Ya que tengo una predilección por las disipaciones sutiles y desconciertos tangibles e intangibles, muchas veces he cuestionado, entre otras cosas, la naturaleza de este proyecto respecto al género. No creo que existe inherentemente una clase de bestia como "la poesía femenina" (ni tampoco "la poesía masculina"), ni tampoco que algún elemento singular del complejo y refractante entramado que constituye el yo de toda persona (¡y eso sin siquiera considerar los fabulosos vuelos de estrafalarismo, fantasía, y ficción que nos son accesibles a través de esa maravilla, la imaginación!) jamás podría funcionar como el único factor que determina la manera en que pensamos o la obra que creamos. La poesía es tan específica como lo son los cuerpos, las mentes y las secuencias sin secuencia de experiencia que hacen que cada uno de nosotros seamos cada uno, y que lleva a cada uno a escribir (o a ser sombrerero o trapecista o barrendero de calles) de maneras totalmente distintas, diferentes entre sí (con muchos espacios imbricados donde la conversación, la congruencia y la afinidad son posibles y necesarias), y diferentes de nosotros mismos en diferentes momentos.

¿Qué es ser mujer y poeta? Buena pregunta, yo todos los días intento respondérmela. Creo que no soy poeta de tiempo completo, ni tampoco soy mujer de tiempo completo, a veces soy un ser que duerme, otras un ser que simplemente lee o escucha música, alguien que platica con alguien. De pronto es muy afortunado tener un trabajo que te apasiona, a mí me apasiona la poesía. Ser mujer tiene muchas ventajas, hay una dimensión muy gozosa relacionada con la feminidad, y tiene atroces desventajas porque la mujer tiene que luchar con una minusvalía ideológica, pero también eso te permite no tomarte las cosas demasiado en serio. Creo que lo único que no me gusta es vivir aprisionada en fórmulas o imágenes preestablecidas de lo que significa ser mujer o ser poeta. Me gusta vivir cada instante como un mundo nuevo.

—Verónica Volkow

Cuando existe un "adentro" claramente delineado y varios "afueras" menos claramente delineados (por lo general), como es casi inevitable en un contexto como el de México, donde tantos proyectos literarios dependen del apoyo del gobierno para su mera existencia, donde brutales divisiones entre las clases y extremas dificultades económicas tienen tanta vigencia, llegando casi a la exclusión de proyectos verdaderamente independientes, y donde la producción cultural y la intelectual funcionan muy activamente (y bastante problematicamente) en el campo político, la cuestión de cómo los y las artistas confrontan las presiones a adoptar las prácticas normativas es particularmente urgente. Por consiguiente, desde un principio y hasta ahora tengo curiosidad acerca de cómo aquellos y aquellas que históricamente y en el presente han sido excluidos de las esferas oficiales de la cultura han enfrentado esa exclusión en su arte. Considerando sólo la exclusión basada en el género y nada más, hasta los años sesenta (y siguiendo, se podría decir, todavía tediosamente, en los años setenta y ochenta) las mujeres eran practicamente invisibles en la vida pública literaria de México. Y hasta hoy, una cantidad asombrosa de gente—y no estoy hablando de sombrereros, trapecistas, o barrenderos de calles, sino de gente cuyo trabajo principal es dentro de la comunidad literaria—se muestra sorprendida frente a la mera idea de que existe un número suficiente de mujeres poetas escribiendo obra valiosa como para armar toda una antología. Desgraciadamente, no es ninguna exageración decir que las escritoras en México, sobre todo aquellas aún no establecidas, o quienes no quieren unirse a lo establecido, enfrentan un clima general de escepticismo en los mejores de los casos, y antagonismo agresivo en los peores, y que las preguntas acerca de cómo se desarrolla la práctica literaria en tal clima siguen siendo muy pertinentes en toda exploración de la literatura contemporánea mexicana.

Al mismo tiempo, cada vez (con espantosa frecuencia) que escucho a alguien refiriéndose a mi proyecto como "una antología de poetisas" o "una antología de poesía femenina" confirma mi sospecha de que hay, hasta este mismo momento, legítimas razones para la exploración de las problemáticas del género en relación a la producción cultural. De hecho, no es raro escuchar referencias a poetas de tendencia femenina como "poetisas", sin la menor traza de ironía y con mucho más que una traza de machismo. Increiblemente, aun hoy en día, no es fuera de lo común leer una antología o revista literaria, cuyo largo índice incluye menos de cinco nombres de mujeres (a veces tan pocas como cero) en una lista de acaso treinta o cuarenta escritores. Y, posiblemente lo más inquietante de todo esto, no es fuera de lo normal encontrar a escritores de ambos géneros quienes siguen manteniendo la convicción (a través de escritos críticos o poéticos o de conversaciones en cantinas) que hay algo congénitamente "femenino" en el ser hembra, algo que llevaría a una dama poeta escribir versos floridos acerca de la domesticidad, sus hijos, su vientre, y sus actividades amatorias (a un grado mayor que cualquiera que tuviera un hogar, una familia, un cuerpo, o una vida amatoria podría sentir una compulsión a escribir acerca de tales asuntos, en versos floridos o no). De ahí mi esperanza que este libro, en lugar de delinear fronteras falsas y endebles de una nación llamada "la poesía de mujeres mexicanas", ofrezca múltiples perspectivas para explorar la manera en que algunas mujeres eligen en este momento emprender la práctica poética en México, mientras simultáneamente cuestiona el mismo impulso de chauvinismo literario y esencialismo de género que desearía tal delineación.

> Crear un hueco, un patio,
> la nada de lo abstracto,
> la moneda en la mano,
> la rueda que al vaciarse avanza,
> el dibujo del que un ser deserta;
> o tomar entre manos exactas lo perdido,
> cantera y cántaro la estatua,
> agua imposible y piedra.
>
> —Verónica Volkow, de "Arcano IV, El emperador"

Esto que ves aquí no es

Esto que ves aquí no es.
Alguien te oculta una pieza.
Es el fragmento
que da el sentido. Es la palabra
que altera el orden
del furtivo universo. El eje
oculto
sobre el que gira. Este recuerdo
que articulas
no es. Falta el espacio
que ajusta
el caos.
Alguien jala los hilos. Alguien
te incita a actuar. Cambia los escenarios,
los reacomoda. Sustrae objetos.
Cruzas de nuevo
el laberinto a oscuras. El hilo
que en él te dan
no te ayuda a salir.

—Coral Bracho

La traducción—aunque sea un impulso hacia un exterior, hacia lo "extranjero"—en principio no nos ayuda a "salir", salvo quizás en el sentido de abandonar la costumbre, o el lugar que ocupamos. La traducción, al contrario, nos ayuda a entrar, a adoptar algo nuevo; cambia la escenografía, adrede interrumpiendo los arreglos y articulaciones que habíamos establecido previamente mediante la introducción de elementos "ajenos". Aun cuando leemos literaturas ajenas a las "nuestras" para familiarizarnos con lo que está pasando en otras mentes en otros lugares, el impulso de la traducción es uno de desfamiliarización, en la que la fricción de lo extranjero sobre lo familiar hace extraño a lo familiar: la traducción se dirige simultáneamente afuera hacia un exterior y adentro hacia un interior, convertiéndonos en lo que Jabès llamaría "extranjeros" y lo que George Oppen llamaría "curiosos". La traducción no es un puente, al otro lado del cual acecha el "conocimiento" de otras culturas, otros dondes y otros cómos. Como lectores y/o escritores, nuestra curiosidad por lo extranjero—un elemento indispensable de cualquier vida atenta en un mundo de textura tan intrincada, tan extraordinaria e inmensamente variado en sus geografías y políticas y posibilidades—no se puede "satisfacer". En cambio, es idealmente otra curiosidad más, más allá, más informada, que nos saluda al otro lado de ese mapa móvil, resbaloso, que constituye la escritura en traducción.

(¿pero qué ocurre primero: el pensamiento o el lenguaje? el propósito de la poesía evidentemente el intento de hacer que esa pregunta salga de juego creando la concordancia de los dos: la sombra y la cosa, el pensamiento y la palabra)

> —Pierre Joris, de "Canto Diurno #1"

La traducción crea tal concordancia (y también disonancia, discordia melódica) entre el pensamiento y su sombra pensada, expresada en palabras que se sombrean o se reflejan unas a otras, pero felizmente de manera inexacta, porque es en la brecha incongruente entre lenguaje y lenguaje que la extrañeza de la comprensión comienza a ocurrir. Tanto como darles a los y las lectores una ventana hacia otra cultura—quizás más que eso—la traducción, como un espejo de doble sentido, ofrece simultáneamente una vista hacia afuera y hacia adentro, revirtiendo nuestra atención hacia nuestros propios lenguajes y literaturas y maneras de pensar la poesía, aun mientras ilumina (ya sea parcialmente, con una luz tenebrosa o tartamudeada o tambaleada) la práctica poética de otras partes.

Punto de la emanación (flama) dedos en el origen de un color que se degrada.
El centro de equilibrio llueve hacia el vacío El todo se cierne en un aquí
     ¿dónde empezar?

> —Myriam Moscona, de *Negro Marfil*, primera sección

La traducción es un proceso de leer y desenredar y reconfigurar, un desmantelar íntimo y respetuoso de la frase o la línea o el pensamiento para componer una lectura de éste en otro (extraño) lenguaje. Toda lectura es lectura contextual—sí importa dónde nos paramos—y la comprensión de un texto que tiene una lectora (traductora) es inevitablemente sintomática de su posición. Y es asintótica, siempre aproximando el racimo de pensamientos que es el texto pero nunca "llegando" a una posición fija. Uno lee desde aquí, móvil y suspenso, y el "aquí" cambia en la lectura.

Fijadas en la pared junto a mi escritorio, además de una copia escrita a mano de las leyes de Newton, se encuentran unas etiquetas de correo enmarcadas en rojo con ciertos recordatorios a propósitos: una frase del libro *Física,* de Lisa Asagi, que dice: "En la ciencia del buscar ocurre lo extraño"; y un pequeño fragmento que invoca directamente la dualidad, el doblar y el volver sobre sí, de la traducción, su *ambosidad* direccional que resiste—y cuan necesario en este momento de la historia—la singularidad:

> El ojo que ves no es
> ojo porque lo ves
> sino ojo porque te ve
>
> —Antonio Machado

Las traducciones nos vuelven la mirada con un ojo extraño que reconocemos (aunque quizás no recordemos de dónde), brindándonos un reflejo, si bien momentáneo que habrá cambiado en el momento que volvemos a mirar, de otro lado—el "aquí" de un otro—y reflejando también sobre el "aquí" que habitamos mientras leemos, que a la luz de ese reflejo aparece un poco distinto, y probablemente lo es.

> El hablante móvil
> Aparece   desvanece   diluye
> Se argenta en acuatinta
> Se craquela   se licua   se embebe
> Se imanta un cuerpo en otro

Se unta Se rota
Se toca el cielo
Se corre más allá del plata
Arcos de flexibilidad
Cuerpo con cuerpo se sabe
Conocer es superficie: No es más

—Myriam Moscona, de *Negro Marfil*, primera sección

traducción al español:

Jen Hofer y Ricardo Hofer

Bibliography / Bibliografía

Acosta, Juvenal, ed. *Light from a Nearby Window: Contemporary Mexican Poetry.* San Francisco: City Lights, 1993.

Anaya, José Vicente, José Ángel Leyva, and María Vázquez Valdez, eds. *Alforja: Revista de Poesía,* vol. 13 (verano 2000).

Bracho, Coral. *La voluntad del ámbar.* México, D.F.: Ediciones Era, 1998.

Espinasa, José María. "El jardín verbal: Publicar como lector." En *La pluma y el lapicero: Crónicas de periodismo cultural,* ed. Gabriela Olivares Torres. Tijuana: Centro Cultural Tijuana y Consejo Nacional para la Cultura y las Artes, 1998.

Espinasa, José Maria, Victor Manuel Mendiola, and Manuel Ulacia, eds. *La sirena en el espejo: Antología de nueva poesía mexicana, 1972–1989.* México, D.F.: El Tucán de Virginia, Consejo Nacional para la Cultura y las Artes, Instituto Nacional de Bellas Artes, y Universidad Nacional Autónoma de México, 1990.

Gander, Forrest, ed. *Mouth to Mouth: Poems by Twelve Contemporary Mexican Women.* Minneapolis, Minn.: Milkweed Editions, 1993.

Jabès, Edmond. *Foreigner Carrying in the Crook of His Arm a Tiny Book.* Trans. Rosmarie Waldrop. Middletown, Ct.: Wesleyan University Press, 1993.

Joris, Pierre. *Poasis: Selected Poems, 1986–1999.* Middletown, Ct.: Wesleyan University Press, 2001.

Lamadrid, Enrique R., and Mario del Valle, eds. *Un ojo en el muro / An Eye through the Wall: Mexican Poetry, 1970–1985.* Santa Fe, N.M.: Tooth of Time Books, 1986.

Moscona, Myriam. *Negro Marfil.* El Pez en el Agua. México, D.F.: Universidad Autónoma Metropolitana y Oak Editorial, 2000.

Ortega, Julio. *Guía del nuevo siglo.* San Juan: Editorial de la Universidad de Puerto Rico, 1998.

Palley, Julian, ed. *De la vigilia fértil: Antología de poetas mexicanas contemporáneas.* Serie Antologías, Textos de Difusión Cultural. México, D.F.: Universidad Nacional Autónoma de México; Irvine: University of California at Irvine, 1996.

Paz, Octavio, ed. *Anthology of Mexican Poetry.* Trans. Samuel Beckett. Bloomington: Indiana University Press, 1958.

Swensen, Cole. "Notes on Poetry, Translation, and Culture." *History of European Ideas,* vol. 20.

Tejada, Roberto. *En algún otro lado: México en la poesía de lengua inglesa.* México, D.F.: El gabinete literario, Editorial Vuelta, 1992.

de la Torre, Mónica, ed. "Mexican Poetry Feature." In *Verse* (ed. Brian Henry and Andrew Zawacki), vol. 17, nos. 2 and 3; vol. 18, no. 1.

Volkow, Verónica. *Arcanos*. México, D.F.: Práctica Mortal, Consejo Nacional para la Cultura y las Artes, 1996.

Weinberger, Eliot. *Written Reaction: Poetics, Politics, Polemics*. New York: Marsilio Publishers, 1996.

Weinberger, Eliot, and María Baranda, eds. *Una antología de la poesía norteamericana desde 1950*. México, D.F.: Ediciones del Equilibrista, 1992.

Wright, C. D. *Tremble*. New York: Ecco Press, 1996.

Cristina Rivera-Garza

Third World

It was at the far edge of the far edge
    about to exist and about not to exist like faith
a shack surrounded by miserable islets of corn and half-starved turkeys.
The Third World was a roofless house.

The *Terzo.*

There maniacs brought their treadmill-needy eyes, their plain index fingers
    which traced a countenance on the left side of chaos.
There little girls practiced that proclivity for proclivity
while men extolled the cawing of imaginary birds.

From above an ozone sky fell and the odor of used city seeped through the cracks.

Pre-war cripples arrived at the *Terzo* prostrate and thirsty
    voracious black heralds with voices of pandemic and killing hands.
There far-out, far-gone lunatics broke down the mechanism of language among the
        meditative
    vapors of alcohol and matches
        vowels were helium balloons filled with fireflies
        sentences slithered along, sinuous with their long reptile tails.
Trippers and druggies and those forever mute spoke with the fervor of the converted.

There good-for-nothings were highly useful beings.

Tercer Mundo

Estaba en una orilla de la orilla
   a punto de existir y a punto de no existir como la fe
un tendajo rodeado de isletas miserables de maíz y guajolotes hambrientos.
El Tercer Mundo era una casa sin techos.

El *Terzo*.

Ahí llevaban los orates sus ojos necesitados de noria y el escueto dedo índice que
     dibujaba
   un semblante en el lado izquierdo del caos.
Ahí las niñas ensayaban esa proclividad por la proclividad
mientras los hombres alababan el graznido de pájaros imaginarios.

De arriba caía un cielo de ozono y el olor a ciudad usada se colaba por las rendijas.

Los lisiados de preguerra llegaban al Terzo postrados y sedientos
   avorazados heraldos negros con voz de pandemia y manos de matar.
Ahí los locos de remate descomponían el mecanismo del lenguaje entre el vaho
     meditabundo del alcohol y los cerillos
      las vocales eran globos de helio rellenos de luciérnagas
      las oraciones se arrastraban sinuosas con su larga cola de reptil.
Los pirados y los drogos y los mudos para siempre hablaban con el fervor de los
   conversos.

Ahí los pránganas eran seres utilísimos.

The dead crept through the *Terzo* with the somnolent little eyes of the resuscitated
and they lived and they choked on smoke and they died again inside the box of
their bodies.
There pariahs levitated with austere saints' faces and indifferent hands.
There the suicidal positioned themselves in their seats at unpredictable angles.
There the denizens of the underground came out of their lairs and spread their plunder
across their laps—pocket watches, car parts and wilted flowers.
And the hybrid daybreak advanced with the clumsy gait of certain black birds
pecking at their sexes with a metal meekness
showing its aching teeth, its cheap trophies, its karmic victories.
Beneath the cruel monotony of the summer deluge everyone spoke
spitting words and maps and prophecies and prayers.

Let's go to the Terzo, they murmured, with the determination of those who plant bombs
or go
Down towards the eternal primeval *towards*
and never get there.

There shoes sank in the mud and to be buried was to be a tree and fruit of a tree
immaculate flesh   mouth with sharp edges.

Outside, on the other side of the far edge, the biggest city in the world lied.

II

A world not yet of men, not yet of women licked their moccasins with its iodine tongues
and the creatures with blue faces advanced upon the afternoon with no knowledge of
necessity.

Those with winged sexes cut their hair military style and forgot the homes they came
from.

Los muertos reptaban en el Terzo con los ojillos somnolientos del resucitado
  y vivían y se atragantaban de humo y morían otra vez dentro de la caja de sus
    cuerpos.
Ahí los parias levitaban con adustos rostros de santo y manos indiferentes.
Ahí los suicidas se acomodaban en ángulos impredecibles sobre los asientos.
Ahí los subterráneos salían de sus agujeros y desparramaban sobre los regazos su
    botín de relojes de bolsillo, partes de auto y flores desmayadas.
Y la madrugada híbrida avanzaba con el torpe caminar de ciertas aves negras
  picoteaba los sexos con mansedumbre de metal
enseñaba sus dientes doloridos, sus trofeos baratos, sus victorias kármicas.
Bajo la cruel monotonía del diluvio estival todos hablaban
  escupían palabras y mapas y profecías y rezos.

Vamos al Terzo, murmuraban, con la determinación de los que colocan bombas o van
  Abajo hacia el eterno *hacia* primigenio
    sin llegar.

Ahí los zapatos se hundían en el lodo y enterrarse era ser árbol y fruto de árbol
  carne inmaculada   boca con filos.

Afuera, del otro lado de la orilla, la ciudad más grande del mundo mentía.

  II

Un mundo que todavía no era de hombres o de mujeres lamía los mocasines con sus
    lengüetas de yodo
y las criaturas de azules rostros avanzaban sobre la tarde sin conocer la necesidad.

Las de sexo alado se cortaban los cabellos militarmente y olvidaban su casa.

Those trained to dominate sank for the first time into a fleeting weakness
    strident potions fed the slow unformed corners of their mouths
    their corners spread open as they fall in seven reelings disproportionate
    reeling arms of helicopteric light
    slice of night and slice of solar crust.

On the way to the *Terzo* they tore off the straitjackets of old names
and emerged from their pasts with fine, fine hides and bones with no history.
They were The She-Devil, The Giga-Dog, The Frog, Little Lulu, Red Rooster Ed,
    The Queen Beast.

Those destined to be men harbored, from time to time, the absurd shrieking of lonely
    women in their teeth.
Those destined to give birth hid beneath the virile darkness of the upright.
Everyone changed places in the biblical days of the *Terzo:*
    the last were always first and those who laughed last always laughed best.
Bifids sexually and in everything else unresolved
    they smoked cigarettes categorically.
The strands of their bodies slid without difficulty through the needle's tiny eye
    which was the gateway to eternity.

It was the left side of the sky where every game is a game of chance.
It was a puddle of piss.
It was a prehistoric quagmire.

And when they headed out, dizzy, for The City, they took the *Terzo* with them, hanging
    from their shoulders
    proud of their shapelessness.

Los adiestrados en el dominio se hundían por primera vez en una fugaz debilidad
    estridentes pócimas nutrían sus lentas comisuras informes
    sus comisuras desdobladas al caer en siete aspavientos desmedidos
    aspas de luz helicoptérica
    tajada de noche y tajada de mendrugo solar.

De camino al Terzo se arrancaban las camisas de fuerza de los nombres viejos
y emergían de sus pasados en cueros finísimos y huesos sin historia.
Eran La Diabla, el Perrote, la Rana, la Pequeña Lulú, el Lalo Gallo, la Bestia.

Los destinados a ser hombres albergaban a ratos el chillar absurdo de las mujeres solas
    en los dientes.
Las destinadas a dar a luz se escondían bajo la oscuridad viril de los enhiestos.
Todos cambiaban de lugar en los días bíblicos del Terzo:
    los últimos eran siempre los primeros y los que reían al final siempre reían mejor.
Bífidos en el sexo e irresueltos en todo lo demás
    fumaban cigarrillos categóricamente.
Las hebras de sus cuerpos se deslizaban sin dificultad por el pequeñísmo ojo de la
    aguja que era la puerta de la eternidad.

Era el lado izquierdo del cielo donde todo juego es un juego de azar.
Era un charco de orines.
Era un prehistórico lodazal.

Y cuando partían mareados hacia La Ciudad, se llevaban al Terzo colgando de los
    hombros
    orgullosos de su informidad.

III

On the streets of The Biggest City in the World they could be recognized by the
  jumbled excess in their eyes
by the way they levitated, tremulous, over impossible yellow thistles.

The city was also their house
  they had a living room of brackish buildings downtown
  a dark bedroom in Tlanesburgo
  an enviable view in Belvedere
  and underground passageways that everyone called the Metro.
  In the kitchen which was everywhere the men came to know the bite of garlic
    intimately
and those who were going to be women wore glass armor instead of flowered aprons.

They could be recognized by the agility of their thighs and the proficiency of their
  hands as they snatched.

They were the diurnal animals that took the parks by storm
  solid like a flagpole ringed with light
  its length appeased by wide red-black flags.
They, the ones with sad armpits and mouths bursting with the greatest hunger
  flung themselves upon the roundness of the world with arms and legs made of net.
They could be recognized because it was difficult to know if they were just going or if
  they were already returning aghast.

They were the ones who sang anthems out of tune and walked upstream in parades
  the contingent of dark individuals.

They could be recognized by their way of being absolutely, roundly, cinematically
  wrong.

III

En las calles de La ciudad Más Grande Del Mundo se les reconocía por la desmesura
    de los ojos
por la manera en que levitaban trémulos sobre imposibles cardales amarillos.

La ciudad también era su casa
    tenían una sala de edificios salobres en el centro
    una recámara oscura en Tlanesburgo
    un mirador de envidia en Belvedere
    y pasillos subterráneos que todos denominaban el Metro.
En la cocina que estaba en todos lados los hombres se adiestraban en el picor del ajo
y las que iban a ser mujeres usaban armaduras de cristal en vez de delantales
    floreados.

Se les reconocía por la agilidad de los muslos y la pericia de las manos al arrebatar.

Ellos eran los animales diurnos que tomaban a los parques por asalto
    sólidos como un asta ceñida de luz
    con la extensión apaciguada de anchas banderas rojinegras.
Ellos, los de sobacos tristes y bocas reventadas por el gran hambre
    se abalanzaban sobre la redondez del mundo con brazos y piernas de red.
Se les reconocía porque era difícil saber si iban apenas o si ya regresaban
    despavoridos.

Ellos eran los que desentonaban himnos y caminaban a contracorriente en los desfiles
    el contingente de los oscuros individuos.

Se les reconocía por esa manera de equivocarse absoluta, redonda, cinéfila.

But above all they could be recognized by the excess in their eyes
   obsidian stones inlaid in firm emaciated crania
   tremendously hallucinated drops
   kites flying in spirals.

Beneath their light, the world was finally small
   a broken toy that wasn't scary anymore.

   I V

The Third World was a hospital, a party, an orphanage, a rest home
   abducted from reality.
   The Free Territory of America.
Interminable like wretchedness the *Terzo*.
Impregnated with piss and vomit like the whole country.
Motherland of those undone, of those wounded by desire, of those dead from so much
   dying, of those so often devalued, of those alone so comfortably uncomfortable
   inside their solitude, of those who are fed up, of those who are full of shit, of those
   defeated from the start, of those heralds of the Truly True, of those with no sex
   and with all the sexes, of those exiled from the city, of those forcibly without hope,
   of those with terrifying hopes, of those who later became guerrilla fighters or
   professors or died of hunger, of those everyone.

House so cruel.
House with cloud roofs.
House where dragging yourself was walking.
House with no entrance and no exit.

Everyone said *let's go to the Terzo* like someone going inside a seed.

Pero sobre todo se les reconocía por la desmesura de los ojos
  piedras de obsidiana incrustradas en firmes cráneos desnutridos
  gotas tremendamente alucinadas
  papalotes volando en espiral.

Bajo su luz, el mundo era por fin pequeño
  un juguete descompuesto que ya no provocaba miedo.

   I V

El Tercer Mundo era un hospital, una fiesta, un orfanatorio, una villa de reposo
  secuestrada de la realidad.
  El Territorio Libre de America.
Interminable como la miseria el Terzo.
Impregnado de orines y de vómito como todo el país.
Madre Patria de los desquiciados, de los heridos por el deseo, de los muertos de
  tanto morir, de los tantas veces devaluados, de los solos tan cómodamente
  incómodos dentro de su soledad, de los hartos, de los llenos de mierda, de los
  derrotados de antemano, de los heraldos de la Neta, de los sin sexo o con
  todos los sexos, de los exiliados de la ciudad, de los a fuerza sin esperanza, de
  los con esperanzas pavorosas, de los que después se hicieron guerrilleros o
  profesores o murieron de hambre, de los todos.

Casa cruel.
Casa con techos de nube.
Casa donde arrastrarse era caminar.
Casa sin entrada y sin salida.

Todos decían *vamos al Terzo* como quien va hacia dentro de una semilla.

House so artificial.
House with no aurora and no respite.
House of demolition.
Everyone said *let's go to the Terzo* like someone going beyond.

They could be recognized by their steps, nailing themselves into the earth with a
     nail's compassion.
They could be recognized by the fiery pain in their bones.
House of the soulless holding onto their souls like an anchor or a last chance.

    v

And I was the man and I was the woman
   my concavity was the state of siege of the metamorphoses.
How the infectious terror of happiness raised blisters on my lips,
crumbled the before under circular microscopes
opened the box of whistlings in pelvic dawns:
daybreaks edged with pale borders and fruity dissimilarities.

I were an other, Rimbaud dixit
   but I was more.

How to sing this holey trinket sentimentality
   this diamantinically geological layer upon my skin
     the blindness of prayer and the magnanimity of the gift?

I was *you* excessive dog with yellow eyes
you proclivious girl
you glaringly sunny patchwork and green city bend.

How to say *Third World* without burning my mouth with golden trifles?

Casa artificial.

Casa sin aurora y sin tregua.

Casa demoledora.

Todos decían *vamos al Terzo* como quien va más allá.

Se les reconocía por los pasos que se clavaban en la tierra con la compasión de un
    clavo.

Se les reconocía por el dolor ardiente de los huesos.

Casa de los desalmados agarrados al alma como a un ancla o a una última oportunidad.

v

Y fui el hombre y fui la mujer
    mi concavidad fue el estado de sitio de las metamorfosis.

Cómo levantaba ámpulas en los labios el terror infeccioso de la felicidad.

Desmenuzaba el antes bajo microscopios circulares

abría la caja de los silbidos en madrugadas pélvicas:

amaneceres bordeados de pálidos linderos y desemejanzas frutales.

Yo eras otro, Rimbaud dixit
    pero era más.

¿Cómo cantar esta agujerada sentimentalidad de baratija
    este borde diamantinamente geológico sobre la piel
        la ceguera de la oración y la magnanimidad de la dádiva?

Yo era *tú* desmesurado perro de ojos amarillos

tú muchacha proclive

tú pedacería de resolanas y recodo verde de ciudad.

¿Cómo decir *Tercer Mundo* sin quemarme la boca con minucias doradas?

I was a neighborhood accumulated on the outskirts of form
    about to exist and about not to exist like faith
narcotic in the ellipsis of a monumental mouth.

We laughed as if we were shelling nuts
    as if we were stealing the show among the noisiness of vast Alexandria
Salt deaf. In that geodesic place
    where the infinitesimal shoot of the carnivorous plant grew
the one we called pleasure when we meant to say June sun.

How to say *Let's go to the Terzo* without falling face down among objects?

We were mythological tatters
    lusts for anonymous unruly bells.
The worst of the worst
    what is left after basic consummation
the longitudinal fibroma of sugarcane stalks
the iridescent pulp.

How to say *the Terzo* once again without putting out this match of words
    this inaugural illumination that wakeful unveils the dactyl
        veridically?

We were a vertiginous peeking out from behind the veins
an aerial industriousness of legs and fingernails and cartilage.

We were saliva.

Yo era un barrio acumulado en las afueras de la forma
a punto de existir y a punto de no existir como la fe
estupefaciente en la elipsis de una boca monumental.

Reíamos como descascarando nueces
como partiendo plaza entre el ruiderío de la vasta Alejandría
Sordos de sal. En ese lugar geodésico
donde creció el infinitesimal tallo de la planta carnívora
la que llamábamos placer cuando queríamos decir sol de junio.

¿Cómo decir *Vamos al Terzo* sin caer de bruces entre objetos?

Éramos trapos mitológicos
lujurias de anónimos cascabeles desbaratados.
Lo peor de lo peor
lo que queda después de la consumación básica
el fibroma longitudinal de las cañas
la pulpa iridiscente.

¿Cómo volver a decir *el Terzo* sin apagar este cerillo de palabras
esta inaugural iluminación que desvela al dactilar
verídicamente?

Éramos un asomamiento vertiginoso tras las venas
una laboriosidad aérea de piernas y uñas y cartílagos.

Éramos saliva.

We need (writing) for this: to stop believing in reality. To ask ourselves impossible questions. To not know. To stop knowing. To swoon ourselves with smell. To close our eyes. To stop believing in reality. To begin believing in it.

(POÉTICA)

Uno necesita (la escritura) para esto: para dejar de creer en la realidad. Para hacerse preguntas imposibles. Para no saber. Para dejar de saber. Para embriagarse de olor. Para cerrar los ojos. Para dejar de creer en la realidad. Para empezar a creer en ella.

CRISTINA RIVERA-GARZA, NOTES

"Third World" is one section of an unpublished manuscript titled *yo ya no vivo aquí (i don't live here anymore)*.

"Tlanesburgo" is a nickname for Tlalnepantla, an industrial neighborhood on the north side of Mexico City; the "burgo" in "Tlanesburgo" refers to St. Petersburg. "Belvedere" is the name of a neighborhood in Mexico City.

Cristina's poetics statement is a quote from her novel *La Cresta de Ilión (The Crest of Ilion)*.

CRISTINA RIVERA-GARZA, NOTAS

"Tercer mundo" es una sección del manuscrito inédito titulado *yo ya no vivo aquí.*

"Tlanesburgo" se usa como apodo de Tlalnepantla, una zona industrial al norte del D.F.; el "burgo" en "Tlanesburgo" se refiere a San Petesburgo. "Belvedere" es una colonia de la Ciudad de México.

La poética de Cristina es una cita de su novela *La Cresta de Ilión.*

Carla Faesler

There are no centers but the circle exists,
and the idea of diameter and of line.

It's playing with the concept of forms
that drives us crazy and maintains us
in the enormous tedium
          of the rectangle.

Butcher Shop

The exposed meat bleeds among the flies
inside the cases.

The pigs present countenances
astounded to the point of fear.

And their eyes are hard on the eye.
I come into the odors saturated

and hold my money out to the man with the knife.
His fingernails give me back three damp coins.

I take home a head to reconstruct
an ear, a snout, a smile.

No hay centros pero el círculo existe,
y la idea del diámetro y la línea.

Es jugar al concepto de las formas,
lo que nos enloquece y nos mantiene
en el enorme tedio
          del rectángulo.

Carnicería

Sangra la carne expuesta entre las moscas
dentro de las vitrinas.

Muestran los cerdos semblantes
estremecidos hasta el miedo.

Y sus ojos son difíciles al ojo.
Entro a los olores saturada

y extiendo el dinero al del cuchillo.
Tres monedas mojadas me devuelven sus uñas.

Me llevo una cabeza para reconstruir
la oreja, el hocico, la sonrisa.

The Crack

In the wall I heard the crack.
Blindly with my hand I read its voice
and suddenly suspicion attacked me.
The lime boils in the walls, illuminates us,
the flat reality of its whiteness,
traps our minds.
I put my warm ear to its brokenness.
An echo arose, weak and trapped,
made me hear my sisters once again
mute in their dresses, my mother
on the phone, and that door
to her room, the border between her world
and the hallways. That white door
that in silence would open and swallow us.

Dinner on an April 10th

I think of difficulty, of geometry
I grow so as to watch, and entertain myself:
I fold the napkins with their crumbs into
scalene triangles. But it's Friday

and it's night. The round table
announces the day and my fingers trace
the idleness of a compass always useless.
We look at each other's ovals, our lines

La grieta

Oí en el muro la grieta.
Con la mano de ciego leí su voz
y me asaltó de pronto la sospecha.
La cal hierve en los muros, nos alumbra,
la plana realidad de su blancura,
atrapa nuestras mentes.
Puse la oreja tibia en su quebranto.
Un eco surgió débil, y atrapado,
me hizo oír de nuevo a mis hermanas
mudas en sus vestidos, a mi madre
en el teléfono, y aquella puerta
de su cuarto, frontera entre su mundo
y los pasillos. Esa puerta blanca
que en silencio se abría y nos tragaba.

Cena de un 10 de abril

Pienso en dificultad, en geometría
crezco para mirar, y me entretengo:
doblo en las servilletas con migajas
triángulos escalenos. Mas es viernes

y es de noche. La mesa circular
anuncia el día y los dedos dibujan
el ocio de un compás que es siempre inútil.
Nos miramos los óvalos, las líneas

We tell each other squares for words
and spin our spoons in the ellipsis
of a house that falls vertiginous

In the tunnel of the chaos of histories
Ours, irregular in its forms
Like an idea somnambulant in the mind.

In the Window

The fly stops on the window glass,
incomprehensible plain. A space
which contains plants, sea, tree and sky,
all in one plane, with no other dimension.

It flies and alights on the thickest branch
but cannot circle around those fruits
nor on the opposite shore drink cautiously
the satiation, immense, it knows by now.

It leaps and flutters, but cannot overcome
the planed transparency. It buzzes,
interrupts its desperate spinning,

walks all over, stays quite still.
Finally I squash it and in its body
I make out a curvature illusory.

Nos decimos cuadrados en palabras
Giramos las cucharas en elipses
De una casa que cae vertiginosa

En el túnel del caos de las historias
Nuestras, irregulares en sus formas
Como la idea sonámbula en la mente.

En la ventana

La mosca se detiene sobre el vidrio,
planicie incomprensible. Un espacio
que tiene plantas, mar, árbol y cielo,
todo en un plano, sin otra dimensión.

Vuela y está en la rama más espesa
mas no puede rodear aquellos frutos
ni beber cautelosa en la otra orilla
la inmensa saciedad que ya conoce.

Brinca y revolotea, mas no puede
vencer la plana transparencia. Zumba,
detiene su girar desesperado,

camina alrededor, se queda quieta.
Finalmente la aplasto y en su cuerpo
distingo una ilusiva curvatura.

Metro Taxqueña

I feel on my crossed arms the short
caresses of my breathing. They almost
touch me, the languorous buildings,
their floors that fall, exhausted from the sun.

The line is long, waiting my turn
at the place the buses stop.
The street boils and the newspaper grows
damp, folded at my armpit. Meanwhile,

an odor licks at my nostrils sweetly.
My eyelids, drooping in my lethargy,
towards the emanation leap and find

a dead dog. Now its stench returns
and turns around me. I turn my eyes away and feel
my mouth as it fills with saliva.

Metro Taxqueña

Siento en los brazos cruzados las cortas
caricias de mi respiración. Casi
me tocan los lánguidos edificios,
suspisos que caen exhaustos de sol.

Larga es la fila, esperando turno
en la parada de los autobuses.
La calle hierve y el periódico se
moja doblado en mis axilas. Mientras,

lame dulce un olor en mis narices.
Mis párpados, por el sopor cerrados,
saltan hacia la emanación y encuentran

a un perro muerto. Su tufo ahora vuelve
y me envuelve. Vuelvo los ojos y siento
que mi boca se llena de saliva.

Festival of Xócotl Huetzi or Tenth Month. Dedicated to Xiuhtecutli, God of Fire

Then they cast him into the fire . . .
And the body of the brave warrior then
writhed; blisters quickly formed . . .

—Fray Bernardino de Sahagún

The captive is flung onto the blazing coals
and his body creaks. The smells of flesh
burning crowd against each other. His body contorts,
his skin inflates all over with blisters that grow on him.

Still alive he is dragged, out of the fire.
Still alive with his eyes closed and hot,
perhaps without his even noticing, they rip out his heart.

Fiesta de xócotl huetzi o décimo mes.
Dedicada a Xiuhtecutli, dios del fuego

Y allí en el fuego comenzaba a dar
vuelcos y a hacer bascas el triste cautivo . . .

—Fray Bernardino de Sahagún

Es lanzado el cautivo a las brasas ardientes
y su cuerpo rechina. Los olores a carne
que se quema se agolpan. Su cuerpo se retuerce,
toda su piel se infla de ampollas que le crecen.

Aún vivo es arrastrado, fuera de la fogata.
Aún vivo con sus ojos cerrados y calientes,
tal vez sin que él lo note, el corazón le arrancan.

Festival of Izcalli or Eighteenth Month

And they fastened the men with a rope
around the waist, and (guards) held them tightly
(with it) when they (went forth to) urinate.

—Fray Bernardino de Sahagún

He will be sacrificed, the captive,
like this, in the following manner:
first, the hairs are pulled from his head,
only from the crown, not the others.

The tufts are collected in boxes,
for they are the mementos of this day.
Then he is taken to the temple,
because he will be the festival offering.

Sometimes they don't want to, they go weeping,
and it's as if they fall along the way.
If they don't want to go up, they are forced

by their hair. In this way, they are dragged,
though it's hard work. It's infuriating,
but with all the festivities, later you forget.

Fiesta de izcalli o décimo octavo mes

Y a los hombres ataban unas sogas
por medio del cuerpo, y cuando salían a
orinar, los que los guardaban teníanlos por
la soga porque no se huyesen.

—Fray Bernardino de Sahagún

Será sacrificado el cautivo,
así, de la manera que aquí sigue:
primero, se le arrancan los cabellos,
sólo de coronilla, no los otros.

Se recogen en cajas los mechones,
porque son las reliquias de este día.
Entonces se le lleva hacia el templo,
porque él será la ofrenda de la fiesta.

Hay veces que no quieren, van llorando,
y como que se caen por el camino.
Si no quieren subir, se les obliga

por los pelos. Así, se les arrastra,
aunque cueste trabajo. Da coraje,
mas con la fiesta, luego uno se olvida.

If a ball exists and is made of mirrors,

The poem kicks it

If there is air, it flies and rotates suspended

If there is gravity it descends, meaning pulls it

And it can come to rest in the highest branches

To make, perhaps, a point according to some rule

If there is a game and players

Its material is that very surface shining

Reflecting and transforming

The ball has stopped rolling

Everything begins to rotate around it

(POÉTICA)

Si existe una pelota y es de espejo,

El verso la patea

Si hay aire, vuela y gira suspendida

Si hay gravedad desciende, el sentido la jala

Y puede ir a parar en las ramas más altas

Tal vez hacer un punto de acuerdo a alguna regla

Si hay juego y jugadores

Su materia es la misma superficie que brilla

Que refleja y transforma

La pelota ha dejado de rodar

Todo empieza a girar en torno a ella

Other than "Dinner on an April 10th" and "Metro Taxqueña," which are previously unpublished, these poems are from the book *No tú, sino la piedra (Not You, but the Stone)*.

Metro Taxqueña is the last, southernmost stop on the blue line subway in Mexico City. Many dozens of buses depart for points all over the city from the huge bus stop area outside the metro station; across the street is a bus station with buses to destinations all over Mexico and beyond.

The epigraphs to the poems "Festival of Xócotl Huetzi or Tenth Month . . ." and "Festival of Izcalli or Eighteenth Month" are from Fray Bernardino de Sahagún, *Florentine Codex: General History of the Things of New Spain*, Book 2: *The Ceremonies*, translated with notes and illustrations by Arthur J. O. Anderson and Charles E. Dibble (Santa Fe: School of American Research; Salt Lake City: University of Utah, 1951).

CARLA FAESLER, NOTAS

Aparte de "Cena de un 10 de abril" y "Metro Taxqueña", los cuales son previamente inéditos, todos estos poemas son del libro *No tú, sino la piedra*. Metro Taxqueña es la última parada, la más sureña, de la línea azul del sistema de metro de la Ciudad de México. Varias decenas de peseros salen del enorme paradero afuera del metro, hacia destinos en todas partes de la ciudad; en frente se encuentra la central de autobuses con camiones saliendo para muchos lugares alrededor del país, y a puntos más allá. Los epígrafes de los poemas "Fiesta de xócotl huetzi o décimo mes . . ." y "Fiesta de izcalli o décimo octavo mes" son de Fray Bernardino de Sahagún, *Historia general de las cosas de la Nueva España* (México, D.F.: Editorial Porrúa, 1975).

Angélica Tornero

Noise in thousands of fissures my sight
was flowing over the you and that laughter sounding out remnants, materials,
tin cans fallen from the watchful eye, seeds,
while children perched atop the cut branches (they incite an old sonata by Gabrieli)
were cooking nannies like simmering vegetables, the homes tepid, the ambrosial
        breasts of
wetnurses so as fragments of meaning to exist,

and the rain,
the crunching of dry leaves tread on by silversmiths beside the convent
in the suburbs of Craitzen, after the possessed winds
                (the sky dazed at the edges of our eyes,
luminous frustration at not finding the place
and irrepressible I with the you in its mouth).

The unctuous matter in my fingertips as I watch them, carmine fruits,
small, enormous against the elephant-memoried defense (I towed—the installation
        was
precarious hope uniformed harangue—I half-opened the slit, the syntax I don't
know if I am, spent towards a composition).

Nostalgia mimics absence
like errant thoughts
of migrant vapor, of sad heart-to-heart.

Ruido en miles de grietas la vista
fluía sobre el tú y aquellas risas sonando vestigios, materiales,
latas caídas desde el ojo avizor, semillas,
mientras niños en la chabasca trepados (impelen una sonata de Gabrieli antigua)
cocían como bullir de legumbres las nanas, los hogares tibios, ambrosiacos los
senos de nodrizas para trozos de sentido haber,

y la lluvia,
crujir de hojas secas pisadas por orfebres al lado del convento
en los suburbios de Craitzen, después de los vientos arrepticios
                    (el cielo aturdido en la orilla de los ojos,
luminosa frustración por no encontrar el sitio
e incontenible yo con el tú en la boca).

La untuosa materia en las yemas de mis dedos al mirarlos, frutos carmesí,
pequeños, enormes contra el adarve memorioso (remolqué—la instalación era
precaria esperanza uniformada arenga—, entreabrí la hendidura, la sintaxis que no
sé si soy, gastada hacia una composición).

Remeda la nostalgia a la ausencia
como errabundo pensamiento
de vaho trashumante, de parrafada triste.

Smooth in the extreme when they turned around diurnal,
ochre wrappings occurred upon the antiworld,
fevered opals, crazed crystallines,
bestial excess my eye sockets, stupendous reverberation,
　　at thousands of points I fix
not that and the other like a smoky nostalgia flowing with the river,
mere things of the outside, tangible affairs of the city
and the streets, of school and the office, of the bars
the succinct smell of thunder, they advised
—deliquescent metaphors lay siege to the site of afternoon,
aerial the pronunciations are these forms of watching
and writing insolvent caesuras,
embedding of the air and the forms of ether.

Memory stumbled down the staircase. Fell, without touching it.
Lights in my eyes like stone-blows
when the night penetrating its matter,
and the hodgepodge, shattered bits the conjugations in barren December,
—the open body was poisoning pleasure—
and infinite falling, a falling of ink,
profound falling that didn't wear out with writing,

when it is flayed
the fractals, *positron*, and the effect of the process of making yourself.

Lisos al extremo cuando voltearon diurnos,
ocres envolturas ocurrieron sobre el antimundo,
ópalos afiebrados, enloquecidos cristalinos,
excedente bestial mis órbitas, estupendo reverbero,
    en miles de puntos fijo
no eso y lo otro como manar el río una nostalgia humosa,
meras cosas del afuera, tangibles asuntos de la ciudad
y de las calles, de la escuela y la oficina, de los bares
el sucinto aroma de los truenos, advirtieron
—delicuescentes metáforas asedian el sitio de la tarde,
aéreas las pronunciaciones son estas formas de mirar
y escribir cesuras insolventes,
encastre del aire y las formas del éter.

Tropezó la memoria escalera abajo. Sin tocarla, cayó.
Luces a pedradas en mis ojos
cuando la noche su materia penetrando,
y el amasijo, trizas las conjugaciones en diciembre yermo,
—el cuerpo abierto envenenaba el goce—
y caer infinito, un caer de tinta,
caer profundo que no se agotó con la escritura,

al despellejarla
los fractales, *positrón*, y el efecto de estarse haciendo.

They blaze, between my eyes, the wick-twist and the intermediate hierarchy of an
     image this afternoon: cempasúchil, copal—on the top part of the low
     bookcase—libation, offering.

Overwhelming choice of acts, ah testimonies to maniacal temper:
ideas are a volley of iniquitous adjectives, plagiaristic rhymes, adultery,
the keyboard in my brain almost piano, port of the presence
and accounts were made in the mind's caverns.

What's interior breaking up by way of words, of carved up body: Osiris
lays waste to the tree trunk howling in search of the tale of his arms, head, valves,
love, bones, muscles, fear, blood, hair, reviews and remedies, conjectures and
balances convened in a place of ignorance and air
—the syllable perishes: millimetric hallucination;
in the space of fleeing, to be being aborts time like language,
disperses in an abstract hollow between matter and its omission—.

     And the pimienta tree,
its gummy impression and aroma, spilled out over its languor.

What penetrated your life—acid spectacle encrusted in the site of spasm—
what maintained you—insinuation or blow by the light of day,
poorly-deciphered nostalgia at the end of a millennium
and of a way of being passionate—
     that which was on top of you and the ways you watch yourself,
what prevailed upon your body—exploded inebriation of sensations,

Arden la torcida, entre mis ojos, y la jerarquía intermedia de una imagen esta tarde:
  cempasúchil, copal—en la parte alta del librero bajo—libamen, oblación.

Abrumadora elección de hechos, ah testimonios de maniaco talante:
ideas son andanada de inicuos adjetivos, rimas plagiarias, adulterio,
la tecla en el cerebro casi piano, puerto de la presencia
y cuentas se hicieron en socavones de la mente.

Lo interior quebrándose por medio de palabras, de cuerpo destazado: Osiris
arrastra el tronco aullante en busca del cuento de sus brazos, cabeza, tubos,
amor, huesos, músculos, miedo, sangre, cabello, reseñas y remedios, remusgos y
balances convocados en un sitio de ignorancia y aire
la sílaba perece: alucinación milimétrica;
en el espacio de la fuga, aborta estar como lenguaje el tiempo,
se disemina en un hueco abstracto entre la materia y su omisión—.

  Y el pirul,
su gomosa impresión y aroma, derramados sobre su languidez.

Lo que penetró tu vida—acedo espectáculo incrustado en el sitio del espasmo—
lo que te mantuvo—insinuación o golpe a la luz del día,
nostalgia mal deletreada en un final de milenio
y de la forma de apasionarse—
  eso que estuvo sobre ti y las maneras de mirarte,
lo que privó sobre tu cuerpo—reventada ebriedad de sensaciones,

unspeakable tegument and without calm cracked—
    what swelled your desires
for life in the sun to orgasm and in the night's turgidity,
in the oppressive mutations of the dead
and in the hurry of those who were your people
to baste together a rough-edged history,
can make you burst out laughing
or close your eyes
and may the sea slip away as it pleases
across your forehead and through your veins
and along the form of the ancient figure
with which the world gets into your flesh.

To the East, whitish winds on my allotted boundary lines,
also your seeing on the dense sea
and stars behind the cliff,
                the figure of silence.

Affliction wheels along the afternoon's clearcut crease.
                Drenched the form of my
body of theory or with just a damn dictionary—center dispersed among the sands—
I went out to discuss the vegetation, the natural form of not looking at the starlings,
of the lads submerging themselves instinctive, of their necks twisting
                caterpillars driven mad.
I went out to discuss siestas in the pueblo and the tree that yesterday wasn't
        on the street
my door gives on, now raggedy and with a wasp's nest to one side.

inconfesable tegumento y sin calma cascado—
   lo que te hinchó las ganas
de la vida al sol acabarte y a la turgencia de la noche,
a las opresoras mutaciones de los muertos
y a la prisa de la gente que era tuya
por hilvanar una historia de ríspidas orillas,
es para reírse a carcajadas
o cerrar los ojos
y que el mar escurra a sus anchas
por la frente y por las venas
y por el molde de la antigua figura
con la que el mundo se metió en tu carne.

Por levante, vientos blanquecinos sobre mis lindes distribuidos,
también tu ver sobre el mar espeso
y estrellas detrás del risco,
            la figura del silencio.

La aflicción rueda por el pliegue rozado del serano.
            Empapada la forma de mi
cuerpo de teoría o con sólo un maldito abecedario—centro disperso entre la arena—
salí a discutir sobre la vegetación, la natural forma de no mirarnos los estorninos,
de sumergirse instintivos los garzones, de torcer sus cuellos
            alocadas las cucas.
Salí a discutir las siestas en el pueblo y el árbol que ayer no estaba en la calle
de mi puerta, ahora andrajoso y con un panal de avispas en su orilla.

(Assertive temptation is also. Tatters of nothing run through by the horizons occurred and what we are in our throats rushes together.) We listen, halted atop a timber building in Craitzen reheated, the cry of gulls over the smell of fish and writing or letters emerging tumultuous,

   voices from the sea ambiguous and yearning.

Things touching each other sounds materials furrowed
the obverse of my forehead. I ran and then nothing.
I followed them and asked in all the places at hand, what do I do with these sounds?
Throw them out, they're not sounds, forget them.

I grasped the o's in taxing sentences, I forged them and with my renegade shouts
dazed the light of day,
I tried to turn them to iron and they became breath, vapor,
the earth that made cirques in the dry arroyo that afternoon.
And the small words exploded against my nerves in the form of a narrative,
that evening of secrecy and great letters, of fleeting, nebulous farce,
low voices, the dead and other nominations
                —path towards the same place—
interminable way of rectangling the road, making it long,
something expanded inside,
something sounding, glass, articulation, wind
between the venetian blind in the room and the way to shut me up.
Notes at the corner of my tongue dodge attempts,
it's profound silence to split the psychic lip,
decanter where echoes of the ineffable explode,
maniacal speech rhythms,

(Asertiva es también la tentación. Jirones de nada atravesados por los horizontes
sucedieron y lo que somos en la garganta se agolpa). Escuchamos, detenidos en un
maderamen de Craitzen recalentado, el grito de gaviotas sobre olor a peces
y escritura o letras emergiendo tumultuosas,
　　　voces del mar ambiguas y anhelantes.

Cosas que se tocan sonidos materiales surcaron
el anverso de la frente. Corrí y después nada.
Los seguí y pregunté por los lados a la mano ¿qué hago con estos sonidos?
Arrójalos, no son sonidos, olvídalos.

Cogí las oes de las oraciones graves, las fragüé y aturdí con mis gritos
de forajida a la luz del día,
intenté volverlas de hierro y se volvieron soplo, vaho,
la tierra que hacía circo en el arroyo seco aquella tarde.
Y las pequeñas palabras, contra los nervios estallaron en forma de relato,
aquel atardecer de sigilo y grandes letras, de comedia fugaz y nebulosa,
voces bajas, muertos y otros nombramientos
　　　　　　—senda hacia el mismo sitio—
interminable manera de apaisar el camino, volverlo largo,
algo crecido dentro,
algo sonando, cristal, articulación, viento
entre la persiana del cuarto y la forma de callarme.
Notas en la esquina de mi lengua sortean intentos,
es silencio profundo resquebrajarse el labio anímico,
cántaro donde ecos de lo inefable revientan,
maniacos ritmos del habla,

illusions larded transparencies
the tree that was born of red fruit whispers, memory carpets its mosses
the day of the years jumbled together in our veins.

⋊⋉

And mainly: the dawn symphony in blazes sudden, reds
gropingly through the sky,
magentas, sweet pomegranate ornaments flee through the irate solar protuberances,
like exempt writings tamped down against the firmament,
verses in shreds shifting beyond signs and times.

And ridges of firewood as the volley crackles;
faraway, labile clamorings in the town
discharge rusted harquebuses
those men still made of iron;
they cancel the twilight aphonia
as suffocated hardship voids messages.
Active guns suggest the substance of the indomitable.

Our backs against the edge of the rowboat. We inspect the fall,
the ill-fated hurry of tales untold, the stockpiling in the shimmying water,
the manioc root losing its leaves, the titanic ferns nubile grazing the gap in the light,
the terrible jungle flies and their flights against the confines of our lamps:
concentrated mesh, bursts.
Heavy anchors within our arteries in search of something to wake
and at least shout or say that we can't do it anymore.

ilusiones mechadas transparencias
susurra el árbol que nació de frutos rojos, la memoria tapiza sus musgos
el día de los años agolpados en las venas.

Y de fondo: llamaradas la sinfonía del lubricán, rojos
a tiento por el cielo,
magentas, tachones zajarí huyen por las prominencias solares iracundas,
como inmunes escrituras apisonadas contra el firmamento,
versos en jirones desplazándose más allá de los signos y los tiempos.

Y filos de leña al crepitar la andanada;
lejanos, lábiles estruendos en el pueblo
descargan oxidados arcabuces
esos hombres todavía de hierro;
cancelan la afonía crepuscular
como anula los mensajes la pena ahogada.
Activos fusiles sugieren la sustancia de los indómitos.

Las espaldas a la orilla del bote. Escudriñamos la caída,
la funesta prisa de los cuentos sin contarse, el acopio en las ravenalas de agua,
hojecer la mandioca, los titánicos helechos rozar núbiles la tregua de la luz,
los temibles moscos de la selva y sus vuelos en el confín contra los faros:
malla concentrada, ráfaga.
Gruesas anclas por las arterias en busca de algo para despertar
y siquiera gritar o decir que no se puede más.

Cempasúchil, copal—on the top part of the low bookcase—libation, offering.
With arms broken, directionless, we look at the image unusual:
a large Virgin fading away, facing us and before us
and the vision of those who surrounded us ceaselessly.
A large Virgin with the gaze of stiff wood,
with eyes made liquid by the flames, the aromas
slipping out among the restless crowd.
We went up and we left, we came back down the stairs of events,
but the crowd stuck together in the center of the room, of the altars,
in the center of the places where nothing remains,
but the yellow flowers of death and the smoke from the copal in the churches,
but the old olive trees,
but the great atriums and the open chapels,
but the baptismal fonts,
and the crowd exterminated in the doorways of the mosques,
collapsed in front of the temples
still wants to know what we wanted to know,
moribund demands that we come down and talk,
that we move up and move off the stairs
or that the party come to an end.

Cempasúchil, copal—en la parte alta del librero bajo—libamen, oblación.
Con los brazos quebrados y sin rumbo miramos inusitada la imagen:
una virgen grande extinguiéndose de frente y ante nosotros
y la vista de los que nos rodeaban sin descanso.
Una virgen grande con mirada de madera tiesa,
con ojos liquidados por las flamas, los aromas
escurridos entre la multitud inquieta.
Subimos y fuimos, regresamos las escaleras de los hechos,
pero la multitud se aglutinaba en el centro de la sala, de los altares,
en el centro de los lugares en los que nada queda,
pero las flores amarillas de la muerte y el humo del copal en las iglesias,
pero los viejos olivos,
pero los grandes atrios y las capillas abiertas,
pero las pilas bautismales,
y la multitud aniquilada en los quicios de las mezquitas,
derrumbada frente a los templos
quiere todavía saber lo que queríamos saber,
moribunda exige que bajemos y hablemos,
que subamos y salgamos de las escaleras
o que termine la fiesta.

I'm suspicious of those who speak of the possibility of forming idealized identities. I'm suspicious of those who believe they possess absolute truth, constructed abstractly. I'm suspicious of those who don't feel the existence of the other, who don't converse, don't listen to dialogue in the world, who haven't opened their perception, and therefore their comprehension, to complexity. I'm suspicious of those who seek a perennial style, of those who fight to remain unalterable, I'm suspicious of those who defend the possibility of finding originality in the immense dialogue which is the history of humanity.

I cannot, therefore, speak in general terms about my poetics, I can't circumscribe what I've done and what I will do into one single statement. When I was thirteen, I wrote romantic poems; as for the book I'm working on now, I don't know what its style will be. I'm not interested in talking about my style as singular, about the univocality of my poetics. By nature I'm multivocal and open, in constant motion. I declare myself in dialogue with the world; my constancy is constructed in relation to what is other. I want to keep listening; I want to let myself be vulnerable, though perhaps only secretly, to the things of the world.

Sospecho de aquellos que hablan de la posibilidad de conformar identidades ideales. Sospecho de los que creen tener la verdad absoluta, construida abstractamente. Sospecho de aquellos que no sienten la existencia de lo otro, no conversan, no escuchan el diálogo del mundo, no han abierto su percepción, y, por tanto, su comprensión, a la complejidad. Sospecho de los que buscan un estilo perenne, de quienes luchan por permanecer inalterables, sospecho de aquellos que defienden la posibilidad de encontrar la originalidad en el gran diálogo que es la historia de la humanidad.

Por eso, no puedo hablar en términos generales de mi poética, no puedo circunscribir lo que he hecho y haré a un solo planteamiento. Cuando tenía trece años escribía poemas románticos; el libro que ahora trabajo no sé qué estilo tendrá. No me interesa hablar de mi estilo como único, de la univocidad de mi poética. Mi naturaleza es multívoca y abierta y en movimiento constante. Me declaro en diálogo con el mundo; mi consistencia se construye en relación con lo otro. Deseo seguir escuchando; quiero dejarme vulnerar, aunque sea en secreto, por las cosas del mundo.

These poems are from the book *Fotografías en los labios de alguien (Photographs on Someone's Lips)*.

"Cempasúchil" is an orange flower, similar to the marigold; during the time of the Day of the Dead in Mexico (November 1 and 2), cempasúchil and cockscomb, along with many offerings of food and drink, as well as a range of other gifts, are placed on altars for the dead.

ANGÉLICA TORNERO, NOTAS

Estos poemas son del libro *Fotografías en los labios de alguien.*

Ana Belén López

Gets in
the damp
into the walls
broken out in saltpeter
gets into the
tear duct in the eye
catches in the
           throat

in the gazing
of memory

Traces a letter
the sea erases it
traces another letter
the sea erases it again
the sea erases
the letters appear
erases the letters
alone remains the sea alone

Se mete
la humedad
a las paredes
que botan de salitre
se mete al
lagrimal del ojo
se queda en la
                garganta

en la mirada
de la memoria

Dibuja una letra
la borra el mar
dibuja otra letra
la vuelve a borrar el mar
borra el mar
aparecen las letras
borra las letras
sólo queda solo el mar

A girl
leans on the railing
doesn't gaze at the horizon
doesn't send off any ship
anyone
doesn't dream of crossing oceans
rests one foot on the other
then the other

Meanwhile

a young man
very young
runs
uphill

the drops of sweat
don't reach
the ground
they dry in the air

and a dog barks
all afternoon
until a stone
cracks his snout open

Una muchacha
se recarga en el barandal
no mira el horizonte
no despide ningún barco
a nadie
no sueña con cruzar océanos
descansa un pie sobre otro
luego el otro

Mientras

un hombre joven
muy joven
corre
cerro arriba

las gotas de sudor
no llegan
al suelo
se secan en el aire

y un perro ladra
toda la tarde
hasta que una piedra
le parte el hocico

A woman
makes the sign of the cross
as she crosses the street
a truck
runs her over
she loses a shoe
her coin purse
opens

           the coins sparkle
           in the light of the sun

It is not known
never will be known
if in the delta it is
born or dies
if it is the beginning or the end
if it goes or comes
if it arrives or leaves

Una mujer
se persigna
al cruzar la calle
la atropella
un camión
pierde un zapato
el monedero
se abre

        brillan las monedas
        con la luz del sol

No se sabe
nunca sabrá
si en el delta
nace o muere
si es principio o final
si va o viene
si llega o se va

Out the window
the cross
and the belfries

roofs

water tanks

white clouds
swooning
onto roofs

water tanks
drinking
white clouds

History
the cathedral
must have
though
they fall
and crumble
beside it
pieces
of ochre
brick

De la ventana
la cruz
y los campanarios

azoteas

tinacos

nubes blancas
desmayándose
sobre azoteas

tinacos
bebiéndose
nubes blancas

Historia
debe tener
la catedral
aunque
se caigan
y desmoronen
a sus costados
pedazos
de ladrillos
amarillos

And regardless
the heat
under the skin
like a scar
marking each space

and regardless
the chills

the index pointing to
each page
of the index
marking
each line

and regardless
the index
smearing
the saliva
of the skin
it traces
and keeps
a body
inside the body
indicating
the hours
that don't pass
the days

Y sin embargo
el calor
por debajo de la piel
como cicatriz
marcando cada espacio

y sin embargo
los escalofríos

el índice apuntando
cada página
del índice
marcando
cada línea

y sin embargo
el índice
untando
la saliva
de la piel
que recorre
y guarda
un cuerpo
dentro del cuerpo
indicando
las horas
que no pasan
los días

that don't move
the years

and regardless
the afternoon
sun.

que no se mueven
los años

y sin embargo
el sol
de la tarde.

To write is to attempt to answer questions we know in advance will have no answer.

To write is to ignite a dialogue, one that never existed before, between all those other possible margins, other dimensions.

It is to sustain a line, an open channel, so as to wait, banditlike, to ambush the word, the image. Astonishment occurs within this waiting; it is there the poem resides.

To write is to make out the archipelago of words. It is to sense a breathing on the nape of your neck. It is to listen to the shrieking of the silences. To quiet the noise.

Writing poems is like keeping still, not moving, so that no one will see you.

To order certain words according to their music, their rhythm, their space, their breath, it's a challenge, a dare. It is to challenge the nonexistent, it is, once again, "to make," and its explanation exceeds any attempt at verbalization.

Escribir es un intento de responder preguntas, que, sabemos de antemano, no tendrán respuesta.

Escribir es entablar el diálogo, que nunca existió, entre todas esas otras posibles orillas, las otras dimensiones.

Es mantener una línea, un canal abierto para esperar el atraco de la palabra, de la imagen. En la espera está el sorprenderse; ahí radica el poema.

Escribir es vislumbrar el archipiélago de palabras. Es percibir la respiración en la nuca. Es escuchar el chillido de los silencios. Acallar al ruido.

Escribir poemas es como quedarse quieto, no moverse, para que a uno nadie lo vea.

Ordenar ciertas palabras con su música, su ritmo, su espacio, su respiración, es un desafío. Es el reto a lo inexistente, es, otra vez, "hacer" y su explicación rebasa el intento de verbalizarlo.

ANA BELÉN LÓPEZ, NOTES

These poems are from the series "The Gazing of Memory," in *Del barandal (From the Railing)*.

ANA BELÉN LÓPEZ, NOTAS

Estos poemas provienen de la serie "La mirada de la memoria" en *Del barandal*.

Silvia Eugenia Castillero

Innard

Once again the threshold worn down from so much waiting, the night unhung nearer; oblong and ambiguous it stammers out substances until it becomes black. Definitive it falls, nothing it undulates, everything is drawers lurking, suspicion of it behind a thick down. The house, a tumor of knotted threads and when the light is turned on something withdraws in blinded flight, insane race through the old yellow walls to hide itself in invisible walkways beneath the drab rug. When it returns it's still taciturn, its eyes covered with large slimy tears; sometimes a tangled ball unraveling, other times a sphere bent over and over in its own lethargy. Obstinately bores a tunnel that leaves behind the taste of dry well and now nothing stops.

Splinter

An arrow, so much sun. So much ammunition of rays crossing. Every point pricks, pecks, crepitating the water cracks. The current contracts, twists, splinters in the deep. The clefts are magenta birds with raucous caws. Robins sparkle between leaves, trifling, minuscule, they skid with tonal variations blushing from carmine to rosy, swollen with juice until they glisten cherry or peach. Farther, a tree run aground, petrified in ochres.

Entraña

Otra vez el umbral gastado por tantas esperas, la noche descolgada más cerca; oblonga y ambigua balbucea sustancias hasta volverse negra. Tajante cae, nada ondula, todo son cajones acechando, la sospecha de ella detrás de una pelusa espesa. La casa, un tumor de hilos anudados y al encender la luz algo se aparta en fuga enceguecida, loca carrera por las paredes amarillo viejo para ocultarse en andadores invisibles bajo la parda alfombra. Cuando regresa es todavía huraña, cubiertos sus ojos de lágrimas largas como baba; a veces un ovillo deshilando, otras una bola replegada en su propio sopor. Obstinadamente horada un túnel que deja sabor a pozo seco y ya nada se detiene.

Astilla

Una flecha, tanto sol. Tanta munición de rayos cruza. Cada punta pica, picotea, crepitante agrieta el agua. La corriente contrae, tuerce, astilla al fondo. Las hendiduras son pájaros solferinos de graznido ronco. Petirrojos rutilan entre hojas; leves, minúsculos resbalan con variaciones de tono ruborizando del bermejo al rubicundo, henchidos de zumo hasta brillar ciruela o durazno. Más allá un árbol encallado petrifica en ocres.

The Jeopard

for Gerardo Deniz

Night lowers its drapes, residues of light harbored between the wrinkles on my forehead and the bones that exceed my slight figure. Light adorns things with shapes inconclusive; a salty vapor rises, the water nears and then falls into the streets. I fold my four paws on the sidewalk and my body is a line of rocks on the riverbank. Beneath my belly the moon boils, ulcerous. Like someone dying, with ears perked, I pitch my last gaze into the sky and bellow with eyes full of fire. Each bar on the sewer is cast iron, one by one they gird my flesh. Prisoner of a lustrous grating I become beastly angry; the stripes vex my skin, the wind stands my hair on end. Swelled up, my new vocation is to be disobedient, distant relative of who I was. Gluttonous I devour the asphalt plains, I maraud outside houses, I look and I don't pause at any windows. Inside me, an inexpressive mystery, the mark of shut cupboards, lets my golden eyes, blazing with their terrible light, penetrate until they alight in the inscrutable interior. Now I know there's nothing strange. Unruly, I invalidate the human possession of order. I am a jeopard with a malignant smile, the only ugly felid that knows, as few do, the odious codes of closets covered with dust. From them I extract adversities, trickery and brutality; from here I proceed warily along the edge of open doors.

El jeopardo

a Gerardo Deniz

La noche baja su cortinaje, residuos de luz se resguardan entre las arrugas de mi frente y los huesos que sobrepasan mi delgada figura. La luz reviste a las cosas de formas indecisas; un vapor salado asciende, el agua se aproxima para caer en las calles. Mis cuatro patas doblo sobre la banqueta y mi cuerpo es una hilera de rocas al borde del río. Bajo mi vientre la luna hierve, llaga. Como un moribundo de orejas erguidas, lanzo mi última mirada al cielo y bramo con ojos plenos de fuego. Cada barra de la alcantarilla es hierro fundido, una a una ciñen mi carne. Presa de un enrejado lustroso entigrezco; las rayas vuelven arisca la piel, el viento eriza mi pelo. Henchido, mi nuevo oficio es ser insumiso, pariente lejano del que fui. Goloso devoro las llanuras de asfalto, merodeo fuera de las casas, miro y no me detengo en las ventanas. Dentro un misterio inexpresivo, rasgo de anaqueles cerrados, deja penetrar mis ojos de oro que arden con su terrible luz hasta posarse en el interior insondable. Ahora sé que no hay nada de extraño. Indócil, invalido la posesión humana del orden. Soy un jeopardo de sonrisa maligna, único félido feo que conoce como pocos los códigos odiosos de los armarios cubiertos de polvo. De ellos extraigo hieles, trucos y saña; desde aquí marcho cauteloso por el canto de las puertas abiertas.

Skein

From my tensed nucleus I trace a circular itinerary, a single resonance of a skein pressed to my abdomen. Of minuscule vaults I form the space, canals through which I project my city until I reach the center again. Here I sleep, then I stretch and continue. The line curving sways the plazas. I dally in them, fugitive from the air and the water. My way is smooth, but always comes to rigid crossroads that return my steps to me. At night I feel the corners flaring up. I look for animals that nibble at their own outline, a shape that transforms swiftly.

I know nothing. I hear a rhythm, its coming and going accumulates, insidious it models voices that resound in my chest like prayers swarming in my throat, until I suffocate in a lethargy. Fractured basement where armchairs, beds, dressers, my belongings all heaped together strangely, sum up my former and rambling existence. The house is uninhabited; I split the earth, I dig up roots and devour them.

Some afternoons the city opens and I walk around outdoors. In the clarity the clouds reverberate gazes. From brief horizons and tracks, a burst of light has sliced my skin. I discover the aperture where my coat stops girdling me. It's black satin, embroidered with down, I take it off. I unravel its spinning of conduits around me, bindings that today are knots of defeated slime.

Madeja

Desde mi núcleo tenso trazo un itinerario circular, un mismo resonar de madeja apretada a mi abdomen. De bóvedas minúsculas formo el espacio, canales por donde proyecto mi ciudad hasta volver al centro. Aquí duermo, luego me desperezo y continúo. La línea curva columpia las plazas. Me paseo en ellas, fugitiva del aire y el agua. Mi camino es suave, pero siempre llega a encrucijadas rígidas que retornan mis pasos. De noche siento encenderse los rincones. Busco animales que mordisqueen su contorno, un bulto que se transforme veloz.

Nada sé. Un ritmo escucho, su ir y volver se acumula, insidioso modela voces que resuenan en mi pecho como rezos hormigueando en la garganta, hasta sofocarme en un letargo. Sótano cuarteado donde sillones, camas, armarios, mis pertenencias todas amontonadas de una extraña manera, resumen mi anterior y errante existencia. La casa está deshabitada; agrieto la tierra, desentierro raíces y las devoro.

Algunas tardes la ciudad se abre y camino a la intemperie. En la claridad las nubes reverberan miradas. De horizontes breves y huellas, una ráfaga ha trinchado mi piel. Descubro la abertura donde el abrigo cesa de ceñirme. De raso negro, bordado de vello, me lo quito. Desenredo su hilar de conductos a mi alrededor, ataduras que hoy son nudos de légamo vencido.

Chimera

The microscope of fantasy reveals creatures different from those of science but no less real; although these are visions of ours, they are also the visions of a third party: someone is looking at them (is looking at himself?) through our eyes.

—Octavio Paz

Luminous rays penetrate the tarnished green of an eye that looks like a dead cenote. But the humor is still humid, allows the light to fix itself in clusters of nervures, and send the iris persistent images: roots as if in relief; amber suspended from specters that should have been trees; fossils of birds that used to live in the jungle (quechol, cotinga, tzinizcan). And in the very depths of the aged eye, a chimera stalking. Beast made of fragments: at the front it's a lion, in the middle a goat and at the back a serpent. Aboard its eyes the chimera has the face of a sun expanded in bursts. Hungry lion, it seeks other gazes. Its goat body likes the eye's hollows, there it excavates small niches to keep the light in. Its tail lengthens undulant on the banks of the retina, and coils in the optic nerves. It isn't the fly's bustling that explodes against the cornea, and much less the butterfly's colorful reflection eager to dance inside: it's a recondite sojourn, solitary, integral. It has its lair among the eye's fine cavities, hunting sheaves of beams, eating reflections. That's why it shows various heads or just one, or, on the contrary, its parts shatter into distorted shards. When the brilliance is intense, the chimera becomes a dragon spitting fire. It lives hidden, it lies in wait and appears only when it seizes on the beautiful eyes of a slight nibble.

Quimera

El microscopio de la fantasía descubre criaturas distintas a las de la
ciencia pero no menos reales; aunque esas visiones son nuestras,
también son de un tercero: alguien las mira (¿se mira?) a través de
nuestra mirada.

—Octavio Paz

Los rayos luminosos penetran el verde ajado del ojo, parecido a un cenote muerto. Pero húmedo aún el humor, permite a la luz fijarse en ramos de nervaduras, y darle al iris imágenes persistentes: raíces como relieve; ámbar colgado de espectros que debieron ser árboles; fósiles de aves que solían habitar la selva (quechol, cotinga, tzinizcan). Y hasta el fondo del ojo envejecido, agazapada una quimera. Bestia hecha de fragmentos: por delante es un león, por el medio una cabra y por el fin una serpiente. A bordo de los ojos la quimera tiene cara de sol crecido en ráfagas. León con hambre, busca otras miradas. A su cuerpo de cabra le gustan las oquedades del ojo, allí cava pequeñas celdillas para guardar la luz. Su cola se alarga ondulante a orillas de la retina, y se enrosca en los nervios ópticos. No es el bullicio del mosco que se estrella en la córnea, y mucho menos el reflejo colorido de la mariposa presta a danzar dentro: es una estancia recóndita, solitaria, integral. Entre las finas cavidades del ojo tiene su guarida, caza haces de rayos y come reflejos. Por eso muestra varias o una cabeza, o al contrario, sus partes se quiebran en pedazos deformes. Cuando el brillo es intenso, la quimera se vuelve un dragón echando fuego. Vive oculta, acecha y aparece sólo cuando prende los ojos bellos de un ligero mordisco.

minute amphibian

for Coral Bracho

cover the windows with rods   don't let it in   *it arrived with the delirium*
      wash the ivy from the walls   *it appeared in a sprig of broom on a puddle*
      of light   let the apple
trees fall into the well poisoned   *it was a live fish in an ocean of sand*   let's
      flee the nest of time   *it came to spin cocoons*   wall the house in with
      iron
so its bright won't penetrate   *it seemed a white bird inflamed*   divert the
      water's course   *it blossomed in the pyracantha*   cut the lilies sap
      the willows with drought   *it arrived like an emerald in a river of*
      stones   neither border nor shores nor whirlpools allow its batrachian
      presence to pass

but its imprecise comet-tail mastered the chinks adhered to the ditches pretending to be
a shadow absorbed our sweat with its surly breath turned on the festival lights of the
threshold pulled from the bookcase hidden potions made vapors bubble up from the deep
patios and the memories like a plague set fire to the closed house

rocked by the flames time   minute amphibian   removes vines excavates pits
regurgitates: possessed by a furious agitation its cold skin scribbles inside

diminuto anfibio

a Coral Bracho

cubran las ventanas con alcándaras   que no entre   *llegó con el delirio*
    limpien la yedra de los muros   *apareció en una retama sobre un charco*
    de luz   dejen caer los manzanos al pozo envenenados   *fue pez vivo en*
    un mar de arena   huyamos del nido del tiempo   *vino a hacer*
    capullos   tapien con hierro la casa para que su brillo no penetre
    parecía un ave blanca inflamada   desvíen el curso del agua
    floreció en el piracanto   corten los lirios desfallezcan los sauces de sequía
    llegó como esmeralda en un río de piedras   ni un borde ni orillas ni
    remolinos dejen pasar su presencia de batracio

pero su cauda imprecisa venció los resquicios se adhirió a los vados simulando ser
una sombra absorbió nuestro sudor con su aliento ríspido prendió las luminarias del
umbral sacó de los estantes brebajes ocultos hizo brotar vapores de los patios hondos
y los recuerdos como plaga prendieron la casa cerrada

mecido por las flamas el tiempo   diminuto anfibio   descuelga lianas cava fosos
    regurgita: poseída por una agitación furiosa su piel fría garabatea dentro

The Hare

The midnight sun was larger than the bridge, its reds, almost flame almost blood, overflowed the waters. At that moment—the sunset halfway down the bridge—from the sun appeared a rotating moon scattering water like spines. And it opened two large eyes upon the sky. The water's coming and going made it possible to see the hare: in its spongy body time is forged, it is a space that absorbs from the world the first visions collected in corners like dustbunnies; and the hollows where unfulfilled illusions remained, and images of yesterday, unfurled in the internal cavities of the hare. God created her in the fire, but then he cooled her, he endowed her with serenity so she might grind the days and their brilliance in a mortar, the nights and their shadows; and with them perhaps elaborate landscapes for a tomorrow. There forms rotate, with their beginning and their end. The hare luna polishes limits of a yesterday and a today and pulverizes them, slowly the yesterday hides but the today nimbly seeks it. Upon the sky a tapestry with free silhouettes is born. On the moonless bridge, the instants branch off bit by bit.

La liebre

El sol de medianoche era más grande que el puente, sus rojos casi flama casi sangre desbordaban las aguas. En ese momento—a medio puente el atardecer— surgió del sol una luna giratoria dispersando agua como espinas. Y abrió dos ojos grandes sobre el cielo. El ir y venir del agua dejó ver la liebre: en su cuerpo de esponja se fragua el tiempo, es un recinto que absorbe del mundo las primeras visiones arrinconadas como pelusas; y los huecos en donde quedaron los espejismos no cumplidos, y las imágenes de ayer, desenrolladas en las cavidades internas de la liebre. Dios la creó en el fuego, pero después la enfrió, la dotó de serenidad para que moliera en un mortero los días y sus fulgores, las noches y sus sombras; y con ellos elaborara paisajes para el mañana. Allí giran las formas con su principio y su final. La luna liebre lima linderos del ayer y del hoy y los tritura, lento el ayer se esconde pero el hoy lo busca ágil. Sobre el cielo nace un tapiz con siluetas libres. En el puente sin luna, los instantes se ramifican palmo a palmo.

Perhaps the primary impulse driving my dedication to writing poetry is a desire to extract the heart out of things. To delve into the unsolvable mystery of what exists, and craft a physics of objects, through which objects themselves—including memories, emotions, dreams—are revisited and named all over again.

Descendents of wizards, poets use the analogic power of words, as analogy is the link between "this" and "that," out of which the image arises as a tool for mastering reality. Thus the poetic word evokes and reconstructs an existential urgency, and becomes the carrier of the actual thing. It is this word that opens doors onto depth, onto verbal music, onto the rite through which metaphor assumes the essence of its objects. The singing of a thing is my way to connect, through the act of poetry, to ontological conditions, to a fusion with the object sung.

Nevertheless, between the metaphor—mysterious in its associative decisions, as Lezama Lima defines it—and the recognition of the image, a slant experience occurs, a discontinuity, an abolition of names, and in the heart of this experience a continuity of essences blossoms, in a world so excessive it remains always outside any conception of the real. It is in this interstice—a transparency prior to meaning—that I locate the force of my writing. There words are bridges, and in them an alchemical-style transmutation operates: the materiality of the thing is transformed into the vibration of the word.

My poetic ideal thus consists of making metaphor into metamorphosis, and calling forth the transformative power of words, so that what is named might become an object capable of signifying, might pertain to the realm of analogy, of imagination, where something might be altogether something else.

Sacarle el corazón a las cosas es quizá el impulso primero al que obedece mi oficio de escribir poesía. Internarme en el misterio insoluble de lo existente, y elaborar una física de los objetos, a través de la cual éstos—incluidos los recuerdos, las emociones, los sueños—son revisitados y vueltos a nombrar.

Sobreviviente del mago, el poeta utiliza el poder analógico de la palabra, pues la analogía es el nexo entre el "esto" y el "aquello", de donde surge la imagen como instrumento de dominio de la realidad. Entonces la palabra poética evoca y reconstruye la urgencia existencial, y se vuelve portadora de la cosa misma. Es la que abre la puerta a lo hondo, a la música verbal, al rito por el cual la metáfora asume la esencia de sus objetos. Cantar la cosa es para mí unirme mediante el acto poético a calidades ontológicas, a la fusión con el objeto cantado.

No obstante, entre la metáfora misteriosa en sus decisiones asociativas—como la define Lezama Lima—y el reconocimiento de la imagen, se cumple la vivencia oblicua, la discontinuidad, la abolición de los nombres, y en el seno de ésta florece la continuidad de las esencias, en un mundo que por su desmesura queda fuera de la concepción de lo real. En este intersticio—la transparencia anterior al sentido— apoyo la fuerza de mi escritura. Allí las palabras son puentes, y se opera en ellas una transmutación de carácter alquímico: la materialidad de la cosa se transforma en la vibración de la palabra.

Así, mi ideal poético consiste en hacer de la metáfora una metamorfosis, y convocar el poder de transformación de las palabras, para que lo nombrado se vuelva un objeto capaz de significar, y pertenezca al reino de la analogía, el de la imaginación, donde todo puede ser todo lo otro.

These poems are from the series "Zooliloquies." "Innard," "Splinter," "The Jeopard," and "Skein" were published in a bilingual (Spanish–French) selection from the series, in the book *Zooliloquios / Zooliloques.*

A "cenote" is a natural underground reservoir; often, especially in Southeast Mexico, they are used as swimming holes.

"Quechol," "cotinga," and "tzinizcan" are birds; "quechol" is the Mayan word for flamingo, "cotinga" is a genus of brightly colored South American birds, and "tzinizcan" is a kind of iridescent hummingbird.

The translation of the Octavio Paz epigraph is from *Monkey Grammarian,* translated by Helen R. Lane (New York: Seaver Books, 1981).

SILVIA EUGENIA CASTILLERO, NOTAS

Estos poemas son de la serie "Zooliloquios". "Entraña", "Astilla", "El jeopardo" y "Madeja" fueron editados en una selección bilingüe (Español–Francés) de la serie, en el libro *Zooliloquios/Zooliloquies.*

"Quechol", "cotinga", and "tzinizcan" son pájaros; "quechol" es la palabra Maya para el flamenco, "cotinga" es un especie de pájaros sudamericanos de colores brillantes, y "tzinizcan" es un tipo de colobrí tornasolado.

El epígrafe de Octavio Paz es de *El mono gramático,* en *Octavio Paz. Obra Poética (1935–1988)* (Barcelona: Seix Barral, 1990).

Mónica Nepote

To take up the word again,
while
    I miss
the damp stone on my tongue.

It gets here
    —no—
to do without an order and its touch.

Look at its slipping,
its fragile accent.

It returns to me
    kissing me in ink.

It returns
    like a frightened bird
    to the absentminded agenda
    that assumes it.

To have the word again,
with its exact roundness
and foundation in the middle of my tongue.

Tomar de nuevo la palabra,
mientras
      extraño
la piedra húmeda en la lengua.

Aquí llega
    —no—
prescindir de un orden y su tacto.

Mira su resbalar,
su quebradizo acento.

Vuelve a mí
      Besándome en la tinta.

Vuelve
      Como un pájaro asustado
      a la agenda desmemoriada
      que la asume.

Tener de nuevo la palabra,
con su redondez exacta
y el cimiento en medio de la lengua.

The blood leaks from this woman
in an avalanche of afternoons on the grass.

With all her calm and patience
buttoned between her teeth,
with her hands chafed
by the fury of soap.

Her skirt is the flag
that traces the limits of her body.

And she is there: quiet
in her mission to sustain herself
by a thin thin thread,
without whispering her sleepless dream
of a woman corrupted
by the savage alphabet of things.

A esta mujer la sangre se le fuga
en un torrente de tardes en el pasto.

Con toda la calma y la paciencia
abotonada entre los dientes,
con las manos lastimadas
por la furia del jabón.

Su falda es la bandera
que dibuja los límites del cuerpo.

Y está ahí: quieta
en su misión de sostenerse
de un hilo delgadísimo,
sin murmurar su sueño desvelado
de mujer corrompida
por el alfabeto salvaje de las cosas.

Image of the Fish

The fish dangles in its glass case. Far-off, it's an anatomy lesson, the discourse of an alien life, a small miracle in an undulating realm. Perhaps a recollection of turquoise blue, perhaps also the image of the prodigy in the fall.

The fish dangles and its crystalline gaze knows of turbid empires, sagacity, escape. Speaks also to its extinction, its fragile nature. The fish says more by what it does not say, in its coded language that recalls a time before any city, when, simple in our bath, we gazed at one another mouthing the grandeur of god.

The Place

I delve deep into the place distrusting, my touch clumsy—as if I were detaching my spine in the predicted fear of pain. I delve deep into the place without the certainty of stone or of dust.

Light does not know this corner. Feet and arms like Lazarus following the voice, imprecise animal in the body of the night.

Imagen del pez

En su vitrina pende el pez. Lejano, es una lección de anatomía, un discurso de vida ajena, un pequeño milagro en el ondular del reino. Quizá una remembranza del azul turquesa, quizá también imagen del prodigio en la caída.

Pende el pez y su mirada cristalina sabe imperios turbios, sagacidad, escape. Dice también de su extinción, de la frágil naturaleza. Dice más el pez en lo que no dice, en su lenguaje cifrado que remite a un tiempo antes de toda ciudad, cuando simples en la bañera mirábamos boqueando la grandeza de dios.

El lugar

Ahondo en el lugar con recelo, el tacto torpe—como si desprendiera la espina en el temor presagiado del dolor. Ahondo en el lugar sin la certeza de la piedra o el polvo.

La luz no conoce esta esquina. Pies y brazos siguiendo como Lázaro la voz, animal impreciso en el cuerpo de la noche.

Visitation

A white dove at my window. I look at its eye, the world's mystery turns in its arid eye. Astonished, my hand extends towards the white.

Like two enemies face to face, like snow, it flees from my touch. The only thing possible is the possession of air.

Its flight remains, inheritance of that revolving world, the wake of the world in my window.

Ice

May our death be as sudden and as clear
as a window shattered into a million pieces.

Isao Masuo (kamikaze pilot)

I

I gaze at you in your portrait.
Prisoner of your overcoat, uncertain
solemn in the dark severity
pertaining to the gaze of the dead.
In your hand I read the doubt
of someone who drowns his childhood
in oceans of snow.

Visitación

Una paloma blanca en mi ventana. Miro su ojo, el misterio del mundo gira en su ojo seco. Atónita mi mano se extiende a la blancura.

Como dos enemigos se confrontan, como la nieve, huye de mi tacto. Sólo la posesión del aire es lo posible.

Queda su vuelo, herencia de ese mundo giratorio, la estela del mundo en mi ventana.

Hielo

> *Que nuestra muerte sea tan repentina y clara*
> *como un cristal que se hace añicos.*
>
> Isao Masuo (piloto kamikaze)

I

Te miro en tu retrato.
Presa del abrigo, incierto
solemne en la dureza oscura
que tiene la mirada de los muertos.
En tu mano leo la duda
de quien ahoga su niñez
en los mares de la nieve.

I I

Of February I know the corners of death
(red shadow wounding the afternoon sky)
song falling from the hollow of your name.
Of February what is certain is the cross at the top of the mountain.

I I I

A fjord bursts in his voice.
A child loses his way in the narrowness of the snow.
A heart explodes in the fall
bitter flower that withers in the harshness of the stone.

I V

Night.
A blue finger grazes your forehead.
The heaving of your fall wakes me.
Eleven feverish boys fertilized
the snow's tongue.
The morning falls back
before the overwhelming brilliance of death
eyes that wound from their empty bodies.

II

De febrero sé las esquinas de la muerte
(sombra roja hiriendo el cielo de la tarde)
canción que cae del hueco de tu nombre.
De febrero es cierta la cruz en la cima de la montaña.

III

Un fiordo estalla en la voz.
Un niño pierde su paso en la angostura de la nieve.
Un corazón revienta en la caída
amarga flor que se agosta en la crudeza de la piedra.

IV

Noche.
Un dedo azul roza tu frente.
El resollar de tu caída me despierta.
Once muchachos febriles fecundaron
la lengua de la nieve.
La mañana se repliega
ante el brillo contundente de la muerte
ojos que hieren desde los cuerpos vacíos.

Think of that statue open in the heart of the city.

Think of its petrified hand indicating the heart.

Hear in its voice the riddle of salt.

Think of the heart

(and chew a basil leaf on the truth of the bridge).

Think of the heart indicated.

Think that in the proximity of the marble the innocence of the
    viscera

is the predator's delicacy.

But if I say

Think of the heart

it's because when a coin falls,

in the fracturing of ice,

in the violence of metal

that heart awaits the word.

Piensa en esa estatua abierta en el corazón de la ciudad.

Piensa en su mano petrificada que señala al corazón.

Escucha en su voz el acertijo de la sal.

Piensa en el corazón

(y mastica una hoja de albahaca en la verdad del puente)

Piensa en el corazón señalado.

Piensa que en la cercanía del mármol la inocencia de la víscera

es manjar para el depredador.

Pero si digo

Piensa en el corazón

es porque al caer una moneda,

en la fractura del hielo,

en la violencia del metal

ese corazón aguarda la palabra.

"Ask an obvious question, get an obvious answer," or so the saying says. I learned to say prayers in my infancy, though I'll admit it was some time ago that I forgot the subtle and oppressive murmurings of prayer. No, perhaps I haven't forgotten. Poetry is a substitute for prayer, and that is as it should be: a subtle (though oppressive) murmuring, its oppressiveness comes from the searching, from the state of pursuit in which the poet submerges her or himself, from that persistent traveling with no return, toward language, whose uneven ground can make you lose your head and, more than anything, your sense of certainty. There is no certainty in poetry, or only on another level, not in the language that forms it, that makes it be. If there exists any certainty, it is similar to the certainty of supplication: hope in the word. After looking at the world I live in, I have returned, with greater anxiety, to words, to writing and to reading. Because in words resides a mysterious halo that nourishes me. Because words distance us from destruction, from death. They make us into others, within our own human wretchedness.

(POÉTICA)

"A pregunta expresa, respuesta expresa" reza el refrán. Yo aprendí a rezar en la infancia, sin embargo diría hace tiempo que olvidé el sutil y agobiante murmullo del rezo. No, tal vez no lo he olvidado. La poesía es el sustituto del rezo, y así debe ser: un sutil murmullo (aunque agobiante) el agobio viene de la búsqueda, del estado persecutorio en el que se sumerge el poeta, de ese persistente viaje sin regreso al lenguaje, cuyos vericuetos pueden hacer perder la cabeza y, sobre todo, la certidumbre. No hay certidumbre en la poesía, o la hay en otro plano, no en el lenguaje que la conforma, que la hace ser. Si existe una certeza es similar a la certeza de la plegaria: la esperanza en la palabra. Luego de mirar el mundo en el que vivo, he regresado con más ansiedad a la palabra, a la escritura y a la lectura. Porque en la palabra radica un misterioso halo que me sostiene. Porque la palabra nos aleja de la destrucción, de la muerte. Nos hace otros en nuestra propia miseria humana.

The poems "To take up the word again" and "The blood leaks from this woman" are from the book *Trazos de noche herida (Lines of Night Wounded);* the rest of these poems are from the unpublished manuscript "Hotel Parténope."

The poem "Think of that statue open in the heart of the city" arose out of a line by Paul Celan.

Los poemas "Tomar la palabra de nuevo" y "A esta mujer la sangre se le fuga" son del libro *Trazos de noche herida;* los otros poemas son del manuscrito inédito "Hotel Parténope".

El poema "Piensa en esa estatua abierta en el corazón de la ciudad" surge de una frase de Paul Celan.

Dana Gelinas

Wood Garden

The rumor was growing like a whirlwind
before his tired gaze;
they were twitching, the idle veins
in Noah's hands.

꙳

There is nothing further out:
a river on the horizon
asphyxiates travelers.
Death begins on this shore.

꙳

Then a dove came down from the sky
with messages in its mouth.
Gave it a name,
the keys and the doors.

꙳

"My dove, gazelle, dew of omens,
drizzle torrent."
He swore to dry her blindered eyes
contemplating his companion,
guard her from the bull calf,
protect her from the hog.

Jardín de madera

El rumor crecía como un torbellino
ante su vista cansada;
crispaba la nervadura ociosa
de las manos de Noé.

❧

No hay nada más allá:
un río en el horizonte
asfixia a los viajeros.
La muerte comienza en esta ribera.

❧

Entonces bajó del cielo una paloma
con mensajes en la boca.
Le dio su nombre,
las llaves y las puertas.

❧

—Paloma mía, gacela, rocío de presagios,
llovizna torrente—.
Él juró enjugar sus velados ojos
contemplando a la compañera,
celarla del becerro,
protegerla del cerdo.

In the furrows of his brow
heaven and hell forged
an infinity in his mirror.
"My dove, gazelle, dew of omens,
drizzle torrent."

The doe's damp nose
examined over forty days
every corner of her house.
She had time.

When it stopped raining
the ark ran aground, gone all the food,
with neither fauna to drink from the sea
nor pairings that might devour the earth
or slice the air, beating it
sword-like in flight.

Noah could barely contain his amazement:
then he named his wife, from species to species:
vixen, sow, snake, bitch . . .

❧

En los surcos de su frente
cielo e infierno fraguaron
un infinito en su espejo.
—Paloma mía, gacela, rocío de presagios,
llovizna torrente—.

❧

La húmeda nariz de la cierva
registró durante cuarenta días
cada rincón de su casa.
Tuvo tiempo.

❧

Cuando dejó de llover
el arca varó, vacía de alimentos,
sin fauna que bebiera del mar
ni parejas que devoraran la tierra
o se batieran en el aire
con espadas y vuelo.

❧

Noé cupo apenas en su asombro:
entonces nombró a su mujer, de especie a especie:
zorra, puerca, víbora, perra . . .

Here war is harmless like a monument:
A telephone is talking to a man;
Flags on a map declare that troops were sent.

—W. H. Auden

Miracle Country

(Tuxtla Gutiérrez, Chiapas, 12 p.m.)

Today I inhabit the Día de la Virgen
in whose mercy the more and the less
humble take refuge and day
breaks into the smell of dust and tuberoses.
Bus drivers deck out their machines
    as mobile altars
or ambulant motherlands.
The wind of miracles hoists the flag once again,
thirty bolts sewn in silk beneath a sky
    that rinses them
like a child going over the dates of heroes' lives
or the questions of the catechism.

(Where is God?
In heaven and on earth and everywhere,
there where an eagle devours a serpent)
and going over the red with the heroes' arrows
and the white where the origins of America are established
and the green of a continent whose victories
wear green uniforms.

Aquí la guerra es inofensiva como un monumento:
Un teléfono susurra algo a un hombre;
Los banderines sobre el mapa declaran: ya fueron enviadas las tropas.

—W. H. Auden

El país de los milagros

(Tuxtla Gutiérrez, Chiapas, 12 p.m.)

Hoy habito el día de la Virgen
a cuya misericordia se acogen
los más y los menos humildes
y amanece un aroma a pólvora y a nardos.
Los choferes de microbuses engalanan sus máquinas
   como altares móviles
o como patrias ambulantes.
El viento de los milagros iza la bandera una vez más,
treinta lienzos cosidos de seda, bajo un cielo
   que los enjuaga
como un niño que repasa las fechas de los héroes
o las preguntas del catecismo.

(¿Dónde está Dios?
En el cielo y la tierra y en todo lugar,
allí donde un águila devorara una serpiente)
y repasa el rojo con las flechas de los héroes
y el blanco donde se asientan los orígenes de América
y el verde de un continente cuyos triunfos
visten uniforme verde.

Why don't today's winds
rip the cloth from the flagpole
like fragile pages of a book,
and submerge it in a sky
just now brimming with water.
I never saw a dark-skinned virgin with a mantle of feathers
upon an altar of stones, of thorns,
never a flying serpent.

The exalted symbol occupies the firmament
due to recent winds
and the shadow this symbol projects
lashes whip-cracks upon the entire town, upon the uncultivated fields,
upon the deserted villages,
and its snapping makes the soldiers rise up
and resume the discourse of arms.

The Dream of the Just
(reading the newspaper)

Next to the fourteen excellent reasons
to make February the month of love,
which serve to advertise the best mattresses
for double beds, queen or king size
I read, just as in the heyday
of Colonialism:

Por qué los vientos de hoy
no desprenden el lienzo del mástil
como frágiles páginas de libro,
y lo sumergen en un cielo
recién llenado de agua.
Nunca vi a una virgen morena con un manto de plumas
sobre un altar de piedras, de espinas,
nunca una serpiente volando.

El símbolo magnificado ocupa el firmamento
a causa de los vientos recientes
y la sombra que proyecta ese símbolo
tira latigazos a la urbe entera, al campo sin cultivos,
a los poblados desiertos,
y su chasquido logra que los soldados se levanten
a reanudar el discurso de las armas.

El sueño de los justos
(leyendo el periódico)

Junto a las catorce buenas razones
para hacer de febrero el mes del amor,
que anuncian los mejores colchones
tamaño matrimonial, *queen* y *king size*
leo, como en los mejores tiempos
de la Colonia:

"The soldiers ask the indigenous
people to transport them on horses;
if there aren't any, they force them
to carry them on their backs."

Steel Horse

Horses' hooves . . .
The clatter of crude and simple times.

—Osip Mandelstam

You could mount him like a park bench.
It was peacetime, and everything revolved at his rhythm.
No matter who climbed on, the bridle
made us gallop through valleys of sky.

With him asleep in the middle of the plaza
men and women seemed to live through a century
in time with the silence.

Atop him someone knew himself lord of the horizon.
Atop him someone else reached the heights of dream.

"Los soldados piden que los indígenas
los transporten a caballo;
si no lo hay, los obligan
a que los lleven cargando".

El caballo de acero

Cascos de caballo . . .
El trote de un tiempo crudo y simple.

—Osip Mandelstam

Se dejaba montar como la banca del parque.
Eran tiempos de paz, y todo daba vueltas a su ritmo.
Subiera quien subiera, la brida
nos hacía galopar por los valles del cielo.

Con él dormido en medio de la plaza
hombres y mujeres parecían cumplir un siglo
al compás del silencio.

Sobre él alguien se sabía señor del horizonte.
Sobre él alguien más alcanzó las alturas del sueño.

But the horse was a rental
and someone paid his price much earlier,
someone wore out his muscles,
dehydrated his veins and turned them to jute,
someone, before me, from early on.

After seeing that the world was turning
—was actually turning—
the steed's neck awoke
like a harsh clarion call,
and fled with the weight of a train,
with the thrust of an avalanche:
         a cascade.

The Ark of Day

I. TWILIGHT

The penumbra is the way
of people asleep.
At each step the shadow is a cat that grows,
moves forward and dies on the sidewalk
like a luminous dog.
On the horizon the beasts lumber down heavily
with the last of their chains on their backs.

א

Pero el caballo era de alquiler
y alguien pagó su precio mucho antes,
alguien desgastó sus músculos,
deshidrató sus venas hasta dejarlas como yute,
alguien, antes que yo, desde temprano.

Después de ver que el mundo giraba
—en verdad giraba—
el cuello del corcel despertó
como un recio clarín,
y huyó con el peso de un tren,
con el empuje de un alud:
        una cascada.

El arca del día

I. CREPÚSCULO

La penumbra es el camino
de los hombres dormidos.
A cada paso la sombra es un gato que crece,
avanza y muere en la banqueta
como un perro luminoso.
En el horizonte las bestias se echan pesadamente
con las últimas cadenas sobre la espalda.

II. DAWN

The cats of Siam
collect the shadows
the temples shelter.
The dog made of fire barks
at the outskirts of the volcano
and the people dare to go out,
small and bundled up,
to their concrete labyrinths.

II. ALBA

Los gatos de Siam
recogen las sombras
que resguardan los templos.
El perro de fuego ladra
en la falda del volcán
y los hombres se atreven a salir,
pequeños y abrigados,
a sus laberintos de cemento.

I take my primary inspiration from two sources: North American poetry and Russian poetry. From the first I inherit an appreciation for immediacy: the quotidian and its small happenings, journalism and urban culture; from Russian poetry I take horror in the face of disaster, collective outcry and collective impotence, amazement at civilization's barbarity. The results invariably come to me in a Spanish closer to the intimist tradition of Ramón López Velarde than to that of Rubén Darío. That is, taking the piano as a metaphor, my sound always opts for the damper pedal.

Bebo principalmente de dos fuentes: de la poesía norteamericana y de la rusa. De la primera heredo el aprecio por la inmediatez: lo cotidiano y sus pequeñeces, la nota periodística y la cultura urbana; del verso ruso tomo la conmoción ante el desastre, el clamor e impotencia colectivos, el estupor ante la barbarie de la civilización. El resultado siempre se me da en un español más cercano a la tradición intimista de Ramón López Velarde que a la de Rubén Darío; es decir, tomando como metáfora el piano, mi sonido siempre elige el pedal de la sordina.

The poems "Wood Garden" and "The Ark of Day" are from the book *Bajo un cielo de cal (Under A Lime Sky);* the rest of these poems are from the manuscript *Sólo Dios (Only God)*, published in a previous version at http://geocities.com/Athens/Aegean/7407/Dana.html.

"Día de la Virgen," December 12, is the day people celebrate the first appearance of the Virgen de Guadalupe; according to legend, the Virgin miraculously appeared to an indigenous man named Juan Diego in the early part of the sixteenth century. He is now officially a Catholic saint.

Los poemas "Jardin de madera" y "El arca del día" provienen del libro *Bajo un cielo de cal;* los otros poemas son del manuscrito *Sólo Dios,* una versión anterior del cual fue publicado en http://geocities.com/Athens/Aegean/7407/Dana.html.

María Rivera

Transfer of Title

For Celia Leiberman, for the light of her metaphors

Dust you are and dust you shall become.

—Genesis 3:19

Beneath the tree of night writing forges
light, consumes the stone that holds up the world.

The eyelid, where you are a sign with no sound, writes
This time is not time, it is
a numb drop that slowly bleeds,

says,
day: adorn my night in torches, give me
gaze, order, precision:
the instant goes, comes, now populates another afternoon.

Bound is my hand and my writing, measure now
    its intimate shipwreck:

א

The word wanders errant in the geography of the hour. Goes astray.
Turns back on itself and agonizes.
    Pronounces no name
because names are empty,
    shattered by an accident without memory.

Traslación de dominio

A Celia Leiberman, por la luz de sus metáforas.

Polvo eres y en polvo te has de convertir.

—Génesis 3:19

Bajo el árbol de la noche la escritura fragua la luz
consume la piedra que sostiene el mundo.

El párpado, donde eres signo sin sonido, escribe
Este tiempo no es el tiempo, es
gota aterida que lenta se desangra,

dice,
día: viste mi noche con antorchas, dame
la mirada, el orden, la precisión:
el instante va, viene, puebla ya otra tarde.

Atada está mi mano y mi escritura, mide ya su íntimo naufragio:

אֵשׁ

La palabra yerra en la geografía de la hora. Se extravía.
Vuelve sobre sí misma y agoniza.
    No pronuncia nombre
porque el nombre está vacío,
quebrado por un accidente sin memoria.

It kindles the midday light
   says

     Something in me is not time, it is bonfire,
     something in me does not write but speaks,
     something in me is not matter,
     it is summer in the open field of my forehead.

Writes:
defenseless, my hand passes
from the hand of hate and its clusters,
sweets for those who drink water not for their thirst
but for the thirst of others
         and are lost.

The salt gnaws through my name
   says

     Mother
     The jacaranda and the front door still cry
     for an hour that is dead.

I breathe,
through the lung of someone
who watches time die
         and believes not
in the scaffolding of its hour, but
in its poisoned course:
there is no fruit, nor humus, nor memory,
just time that passes, just passes
blood draining unawares.

Enciende la luz del mediodía
   dice

> *Algo en mí no es tiempo, es hoguera,*
> *algo en mí no escribe sino dice,*
> *algo en mí no es materia,*
> *es estío en el campo abierto de mi frente.*

༄

Escribe:
inerme, pasa mi mano
de la mano del odio y sus racimos,
dulces para el que no bebe agua por su sed
sino por la sed del otro
                    y se pierde.

Carcome la sal mi nombre
   dice

> *Madre*
> *Aún lloran la jacaranda y el portón*
> *por una hora que está muerta.*

Respiro,
por el pulmón de quien
mira morir el tiempo
                    y no cree
en el andamiaje de su hora, sino
en su transcurso envenenado:
no hay fruto, humus, ni recuerdo,
sólo tiempo que pasa, sólo pasa
se desangra sin saberlo.

I'm bleeding with you, mother
my aorta births a cascade of birds
that fall onto the floorboards,
a bevy of dark birds
that fly to the tree of science
                    and fall,
they fall inside, they tumble down.

In its foliage, drowned, the water of my death looks at me,
                    says
        In this garden the peaches
        are dying, rotting on the branch.

ℵ

Says:
You will not forget that for her, for her disobedience
you lost your garden. You will know death and pain
and in the tree of science, you, God and his word,
roaming farther than his word.

And hushes,
does not obscure the plum tree nor the ash tree
just roams
the word *beginning:*

                dissolves and emerges
            a stone upon *the word* stone
                dissolves and emerges
                    the word

Yo estoy sangrando contigo, madre
de mi aorta nace una cascada de aves
que caen sobre la duela,
una parvada de pájaros oscuros
que vuelan al árbol de la ciencia
               y caen,
caen adentro, se desploman.

En su follaje, ahogada, el agua de mi muerte me mira,
                              dice
        En este jardín están muriendo, se pudren
        los duraznos en la rama.

Ӂ

Dice:
No olvidarás que por ella, por su desobediencia
perdiste tu jardín. Conocerás la muerte y el dolor
y en el árbol de la ciencia, tú, Dios y su palabra,
rodando más allá de su palabra.

Y calla,
no oscurece a la ciruela ni al fresno
sólo rueda
la palabra *comienzo:*

               se disuelve y emerge
        una piedra sobre *la palabra* piedra
               se disuelve y emerge
               la palabra

Look at death through my eyes:
writing that runs through the word time,
behind it, the dust of my name,
the mineral print of my drought.

ℵ

And says:
I come from my death and towards my death I go,
the ouroboros, in my body, bleeds.

In your hands the flesh of the poem,
the bodies whose day dispersed into steam and the crying
encoded in the rain's nocturnal puddle.

Cleanse with your tears my hands' turbid soul.
Cleanse the wounded feet of sin: the blisterings of anguish.

I begin to understand the word *death*,
with the same irradiation as the word *tree*.
Burning sadnesses settle between my eyebrows,
misfortunes laid out now on the stone.

And what's left, but the drops of the rain falling, falling.
And what's left, but the bird that lives, crying, on my forehead.

Mira la muerte desde mis ojos:
escritura que corre por la palabra tiempo,
tras ella, el polvo de mi nombre,
la huella mineral de mi sequía.

ℵ

Y dice:
vengo desde mi muerte y hacia mi muerte voy,
el uróboros, en mi cuerpo, sangra.

En tus manos la carne del poema,
los cuerpos que derramaron en vapor su día y el llanto
cifrado en el charco nocturno de la lluvia.

Lava con tus lágrimas el alma turbia de mis manos.
Lava los pies heridos del pecado: las ámpulas de la angustia.

Comienzo a entender la palabra *muerte*,
con la misma irradiación de la palabra *árbol*.
Se meten entre mis cejas melancolías ardientes,
descalabros que ya se acuestan en la piedra.

Y qué queda, sino las gotas de la lluvia cayendo, cayendo.
Y qué queda, sino el pájaro que vive, llorando, en mi frente.

The street illuminates memory:
torch of cloven tears.
The sun's corpse grows pale,
trees stand alongside.
—It was a long way—
they saw the moment when I turned seven,
my long dress with yellow ribbons.
[Memory: day's drab hour color]

Mariana, Sergio, Ana.
What light delves deep in those eyes?
What light will rust the brilliant metal of their gaze?

A bougainvillea blazes on my forehead,
sets fire to the wall:
I see myself on the same earth
where my small shoes

                                is it the same?

grazed the dust, the palm
its yellow swords

                        was it the same time
                        or is it already, only time?

It began to rain
I sang, we sang

                                did we sing?
in the eye the earth founded its empire
                                was it mine?

CODA

Alumbra la calle la memoria:
antorcha de lágrimas hendidas.
El cadáver del sol palidece,
árboles se yerguen a la vera.
—El camino era largo—
vieron la hora en que cumplí siete años,
el vestido largo de listones amarillos.
[La memoria: color hora parda de día]

Mariana, Sergio, Ana.
¿Qué luz se ahonda en esos ojos?
¿Qué luz oxidará el brillante metal de su mirada?

Una bugambilia arde sobre mi frente,
incendia el muro:
me veo en la misma tierra
donde mis pequeños zapatos
                              ¿es la misma?
rozaron el polvo, la palmera
sus espadas amarillas
                    ¿era el mismo tiempo
                    o es ya, solamente tiempo?

Comenzó a llover
canté, cantamos
                              ¿cantamos?
en el ojo la tierra fundó su imperio
                              ¿era mío?

María Rivera • 151

Now it caves in:
I just watch, I can't touch
the poker that burns me.
Where is time, that rain?
The first step,
these eyes blossom,
they will be lost.

Will they be lost?

It rains, now it rains
we play in the puddles
Am I?

Was I?

Now it rains
on that rain

my small shoes, damp
Ana's
the light of enormous eyes
in her eyes
Let's go—it's a long way—

Is it a long way?

the tub's waiting for us
the flannel, dinner
Yesterday I arrived trembling
at the park bench.
Language always
moves forward

Ahora se derrumba:
sólo miro, no puedo tocar
el azadón que me quema.
¿Dónde el tiempo, esa lluvia?
El primer paso,
florecen estos ojos,
se perderán.

¿Se perderán?

Llueve, ahora llueve
jugamos en los charcos

¿Soy yo

Fui?

Ahora llueve
sobre aquella lluvia

mis zapatos pequeños, mojados
los de Ana
la luz de enormes ojos
en sus ojos
Vámonos,—el camino es largo—

¿es largo el camino?

nos espera la tina
la franela, la cena

Ayer llegué temblando
a la banca del parque.
El lenguaje siempre
se mueve hacia delante

Is there a forward?
Is the creaking of its hinges
the Poem?
Is it
this light
that I see in

that light,

the light?
or is it just the light of thought?
or could
this one **and** *that one*
be the Light?
But I still

watch,

still?

¿Hay delante?
¿Es el chirrido de sus goznes
el Poema?
¿es
esta luz
que veo en
esa luz,
la luz?
¿o es sólo la luz del pensamiento?
¿o será
ésta y *aquélla*
la Luz?
Pero miro,
aún,
¿aún?

Poetry is the liturgy through which the world is possible, even within its impossibility. An exercise of intelligence *moved,* the poem is a synthesis of spiritual battles. An interior discipline encoded in the training of eye and ear, and likewise of intuition. The poem, that intention towards the unutterable, is also an investigation into the possibilities of sense, a vertical in time's horizontality. Decanted in silence and tempered by its own high temperatures, the poem is the *subject* of revelation, and the language that creates a reality accessible only through poetry. A critical, demanding poetry, poised to exist, without fears imposed by literary fashions. An essential poetry, powered by itself alone, without motley verbal clutter or flashy artifice, resulting in poems written out of the heart of flight: the endless instant of a flash of lightning. Poems as doors or poems as walls, which take verbal matter and create something from it. I believe in a liberating poetry, a poetry satisfied only through the poem; faithful to itself, to its breath and its calling; faithful to its own speech and its own silence. In addition, I believe in a poetry nourished by its tradition and its time, *historical.* But above all, in the condition that makes poetry indispensable: its miraculous nature.

La poesía es la liturgia por la cual el mundo es posible, aún en su imposibilidad. Ejercicio de la inteligencia *emocionada*, el poema es síntesis de combates espirituales. Disciplina interior cifrada en la educación de la vista y el oído, así como de la intuición. El poema, esa intención de lo indecible, es también indagación en las posibilidades de sentido, una vertical en la horizontalidad del tiempo. Decantado en el silencio, y templado por sus altas temperaturas, el poema es el *sujeto* de la revelación, y el lenguaje creador de una realidad accesible sólo por la poesía. Una poesía crítica, exigente, dispuesta a ser, sin miedos impuestos por modas literarias. Una poesía esencial, potenciada sólo por sí misma, sin abigarramientos verbales ni fuegos de artificio, que dé como resultado poemas escritos desde el corazón de la fuga: el instante perpetuo del relámpago. Poemas puertas o poemas muros que logren hacer de la materia verbal una creación. Creo en una poesía liberadora, satisfecha sólo en el poema; fiel a sí misma, a su respiración y a su cometido; fiel a su propio decir y a su propio silencio. Asimismo creo en una poesía alimentada por su tradición y por su tiempo, *histórica*. Pero sobretodo en la condición que la vuelve indispensable: su carácter milagroso.

MARÍA RIVERA, NOTE

This poem is from the book *Traslación de dominio (Transfer of Title).*

MARÍA RIVERA, NOTA

Este poema proviene del libro *Traslación de dominio.*

Ofelia Pérez Sepúlveda

Three

from the series "Of Those We Used to Be and Those We Were"

Once upon a time there would be the bluest bitch of the pack.
Her history would begin where histories begin,
in a realm, on a day.
Dog of anonymous streets, the entire city would fit in her paws,
since her mother's name contains the four cardinal points and the
seventy orifices through which the weeping escapes,
through which a man enters.

The rain slides over the body of the great sleeping city.
Inside, in the hospitals, nurses prepare parturients,
give them a little sugar water and ask them to dissolve the placebo.

The rain violates the body of the great enceinte city and doesn't ask after its cradles.
It was the hurry, the space of the blank page hammering,
the sweat falling from the crotch into our gaze;
the thigh that turns the beer,
the hatred of being alive and being so miserable in this, in any city.
Then it's the weeping or the concept of God or anything beyond our parents.

Definitively a thirst,
a finding oneself suddenly without desire, coming light inside the first body, inside
        any body, inside the empty body we kill.
A voice, just a timbre, a wave sensorial in its sudden impact;
just an aroma that explodes while the nervous nose of the Other contracts us,

Tres

de la serie "De los que estábamos y éramos"

Habría una vez la perra más azul de la manada.
Su historia empezaría donde empiezan las historias,
en un reino, un día.
Perra de anónimas calles, cabría en sus patas toda la ciudad,
pues el nombre de su madre tiene los cuatro puntos cardinales y los
setenta orificios por los que el llanto sale,
por donde entra un hombre.

La lluvia resbala por el cuerpo de la gran ciudad que duerme.
Adentro, en los hospitales, las enfermeras preparan parturientas,
les dan un poco de agua con azúcar y les piden que disuelvan el placebo.

La lluvia transgrede el cuerpo de la gran ciudad encinta y no pregunta por las cunas.
Fue la prisa, el espacio de la hoja en blanco martillando,
cayendo el sudor de la entrepierna a la mirada;
el muslo que tornea la cerveza,
el odio de estar vivos y ser tan miserables en ésta, en cualquier ciudad.
Es luego el llanto o el concepto de Dios o cosa alguna más allá de nuestros padres.

Definitivamente una sed,
un encontrarse de pronto sin deseo, viniéndose de luz en el primer cuerpo, en
        cualquier cuerpo, en el cuerpo vacío que matamos.
Una voz, sólo un timbre, una onda de golpe sensorial;
sólo un aroma que estalla mientras la nerviosa nariz del otro nos contrae,

while incense and smoke condense in the same territory,
    in La Risca or in the hotel;
a taste, millions of well-disposed cells.
Just a voice coming in and going out.

That's how the city moans, or at least that's how it seems,
that's how it opens its legs and initiates the hecatomb.
Outside, far away, a bird dies in its cage,
a flower embalms the young girl and our mayor sows another fraud.
Now our city wide open on the slab,
now they illuminate its childbirth,
now there's no time for prayer or blessings,
it's the hammering page again,
the nightfall,
the impacts,
the bile that slithers onto the floor and forms
    in a perfect circle the nonexistent time for giving birth.

And there were days you'll remember, trivial and in sequence
    like going back over the morning and going into a 7–Eleven for beers,
days like getting on the bus and saying good-bye to the preceding hours,
days like going to La Fonda and waiting for a miracle to happen,
for someone to offer to take you wherever, to Real de Catorce or the border,
wherever, listen to me now, wherever's possible,
where there's no one to read your thoughts,
    simply to be.
Days like going to his house and observing that someone, how he goes
        out of the bathroom,
to grab him from behind and knock him to the floor,
to take him there,

mientras incienso y humo se condensan en el mismo territorio,
   en la risca o en el hotel;
un gusto, millones de células dispuestas.
Sólo una voz entrando y saliendo.

Así gime la ciudad, o al menos así parece,
así abre sus piernas e inicia la hecatombe.
Afuera, lejos, un pájaro muere en la jaula,
una flor embalsama la joven y otro fraude germina nuestro alcalde.
Ahora nuestra ciudad abierta es sobre la plancha,
ahora le alumbran el parto,
ahora no hay tiempo para una oración ni bendiciones,
es de nuevo la hoja martillando,
la caída de la noche,
los golpes,
la hiel que se desliza sobre el piso y forma
   en círculo perfecto el tiempo inexistente de parir.

Y hubo días que recordarás, triviales y en serie
   como desandar la mañana y entrar a un Súper 7 por cervezas,
días como subir al camión y despedir las horas precedentes,
días como ir a la Fonda y esperar que un milagro suceda,
que alguien te ofrezca llevarte a donde sea, a Real o la frontera,
a donde sea, óyeme bien, a donde se pueda,
a donde no haya quién te adivine el pensamiento,
   simplemente ser.
Días como ir a su casa y observar a ese alguien cómo sale del baño,
cogerlo por la espalda y tumbarlo sobre el piso,
tomarlo ahí,

to curl up inside him and open your heart to whatever might come.
To be sappy and send him letters.
Defenseless, stealing a little space in his womb, a stream of light, to knead it
    slowly, to form an egg.

The entire hospital receives him.
In the operating room sky the crying of the first-born beats,
in the crying of the first-born beats the rind of those days, trivial and in
        sequence, when you and that someone gave form to hurry, to desire.
Of the flowers you'll cut the ones that revolve blue in the air.
She, sewn up at the middle, barely dressed in a robe,
expressionless doesn't hear the crying of her son,
doesn't make out the crying of her son,
doesn't recognize the crying of her son,
doesn't love the crying of her son,
but there it is, he's just a few meters away,
a blue tamale of sweet flesh poking up from between her flesh,
a reluctant canto of hours exchanged for caresses that now outside the city will
        one day engender him, made virile also, postponed, a small god with a
        contained body.

acurrucarse en él y abrir el corazón a lo que venga.

Ser cursi y enviarle cartas.

Indefenso, robándole un espacio en su matriz, un chorro de luz, amasarlo
despacio, formar un huevo.

El hospital entero le recibe.

En el cielo del quirófano golpea el llanto del primogénito,

en el llanto del primogénito golpea el cascarón de esos días triviales y en serie
en donde tú y ese alguien le dieron forma a la prisa, al deseo.

De las flores cortarás aquéllas que azules se revuelvan en el aire.

Ella, vestida apenas con una bata, cosida a la mitad,

inexpresiva no escucha el llanto del hijo,

no distingue el llanto del hijo,

no reconoce el llanto del hijo,

no ama el llanto del hijo,

pero ahí es, a unos cuantos metros él es,

un tamal azul de dulce carne que entre la carne se incorpora,

un renuente canto de horas permutado por caricias que engendrará algún día,
fuera ya de la ciudad, él también virilizado, postergado, pequeño dios del
cuerpo contenido.

Four

for Ana Luisa Laurent

But then, in the imaginary trajectory of a white automobile,
     the truth is revealed, and it parks.
Truth of sharing the salt, the water and sharing, standing, also, the projectile stones
and once again the word,
sky water, block of ice that evaporates the heart.
And where do the others say poetry is?,
perhaps the rhythm of the horse on which the world gallops reformulates the path?,
perhaps a multicolored alebrije, frightened, mammalian?,
perhaps God doesn't tremble, doesn't wound?,
Doesn't this hodgepodge of colors piss you off, this mercurial light, this avenue?
Suddenly the tribe was protecting,
the stars and I spinning and the world an adventure,
a perpetual astonishment filled me.
Why emigrate?
This is how I've wandered the city,
showing the tribe my block of ice intact.

I've run from one extreme to the other with the stigma of my block of ice intact,
shut off the lights with the steam of my block of ice intact,
kept my heart in the uneven steps of my block of ice intact,
     bloody from loneliness in the diamond silence of my block of ice intact.
I've wandered behind the automobile and my block of ice intact
     has cried with me intact and who from among the tribe.

What light for the light of the firefly that exists on a corner of my block of ice,
what love for the love I didn't find.

Cuatro

para Ana Luisa Laurent

Pero luego, en el trayecto imaginario de un automóvil blanco,
    la verdad se revela y estaciona.
Verdad de compartir la sal, el agua y compartir de pie, también, las piedras dirigidas
y de nueva cuenta la palabra,
agua de cielo, barra de hielo que evapora el corazón.
¿Y dónde dicen los otros que está la poesía?,
¿acaso el ritmo del caballo sobre el que galopa el mundo recrea la vereda?,
¿acaso temeroso, mamífero, alebrije de colores?,
¿acaso Dios no tiembla, no hiere?,
¿no encabrona este amasijo de colores, esta luz mercurial, esta avenida?
De repente la tribu protegía,
yo y las estrellas girando y el mundo una aventura,
un asombro perpetuo me colmaba.
¿Por qué emigrar?
Así he andado la ciudad,
mostrándole a la tribu mi barra de hielo intacta.

He corrido de uno y otro extremo con el estigma de mi barra de hielo intacta,
apagado las luces con el vapor de mi barra de hielo intacta,
guardando mi corazón en los pasos a desnivel de mi barra de hielo intacta,
    sangrado de soledad en el diamante silencio de mi barra de hielo intacta.
He andado detrás del automóvil y mi barra de hielo intacta
    ha llorado conmigo intacta y quién de entre la tribu.

Qué luz para la luz de la luciérnaga que existe en una esquina de mi barra de hielo,
qué amor para el amor que no encontré.

Yes, I remember once a party and they arrived with presents;
I remember they let me gobble from the banquet,
I remember I sang, I laughed, and still wandering the city,
pushing my bar of ice I'm not hungry for the tribe.

Can a flash of lightning open my heart and free the firefly
    that sleeps in my block of ice, intact?

Three

from the series "Funerarium"

She is of the continent, around her everything is light and I observe her atop the
    slab in the image of her body.
I am pleased by the landscape of the lingering down between her legs.
May this be the night and I her guide.

May she keep the silence of my frank and absolute devotion, may the blood of
    this infidel who venerates her now spill freely.
May she forgive my observing her beautiful and naked, making herself present in
    my desire.
Atop other tables new cadavers, in other rooms new surgeons.

They seek reasons so they might understand why time freezes, why it's suddenly
    in a hurry.
She rests on this table, I approach, trembling at having found her.
I hold a piece of paper and a knife:

Sí, recuerdo una vez una fiesta y llegaron con regalos;
recuerdo dejaban que tragara del banquete,
recuerdo canté, reí, y aún andando la ciudad,
empujando mi barra de hielo no tengo hambre de la tribu.

¿Puede un relámpago abrirme el corazón y liberar a la luciérnaga
    que duerme en mi barra de hielo, intacta?

Tres

de la serie "Funeraria"

Es del continente, alrededor de ella todo es luz y yo la observo sobre la plancha
    en la imagen de su cuerpo.
Me agrada el paisaje de su vello detenido entre las piernas.
Que sea ésta la noche y yo la guíe.

Que guarde ella el silencio de mi franca y absoluta devoción, que derrame la
    sangre de este infiel que ahora la venera.
Que disculpe mi observarla bella y desnuda, haciéndose presente en mi deseo.
En otras mesas nuevos cadáveres, en otras salas nuevos cirujanos.

Buscan razones para entender por qué el tiempo se detiene, por qué tiene prisa
    de repente.
En esta mesa ella descansa, me acerco temblando de encontrarla.
Llevo una hoja y un cuchillo:

I take notes so that tomorrow they will deliver her unto the earth,
so they will introduce her into a box.

To open her and seek nothing more than her sanctuary.
It trembles with hunger, this created creature that stands out in the open and offers
　　　me the bitterest fruit: her white nudity, her inert absence.
To turn out the light and taste of her.
I approach, exuding from her skin, from her veins like flowers from the cemetery in
　　　which she'll be deposited.
I approach and dissect and kiss the striated organ, I kiss her feet, then her mouth,
but butterflies of death come into me and I write in the notebook that an attack of
　　　the myocardium,
that between her lips was as much death as there are insects populating my blood.

Four

Let's say asleep, out in the open.
Let's say face down, barely a sheet.
Let's call him something, Arcadia, for example.
Let's observe the legs, the veins on the soles of the feet.
Let's observe the concretion and the utter expression of dream and forgetting.
Without angels or mirrors.
Without false devotions, just a lizard resting between the legs the tongue which as it
　　　comes into and goes out of the opening observes, too, our gaze.
Let's observe how it lifts its head and scrutinizes us, now resembles a mare, remains
　　　in repose.
Let's say that the light travels along its legs and articulates tendons,
　　　renews them, dies them.

Escribo apuntes para que mañana la entreguen a la tierra,
para que la introduzcan a una caja.

Abrirla y no buscar más que su amparo.
Tiembla de hambre esta creatura que a la intemperie se levanta y me ofrece la fruta
      más amarga: su blanca desnudez, su inerte ausencia.
Apagar la luz y degustarla.
Me acerco transpirando de su piel, de sus venas como flores de cementerio en que
      será depositada.
Me acerco y disecciono y beso el órgano estriado, le beso los pies, después la boca,
pero me entra mariposa de la muerte y apunto en la libreta que un ataque al
      miocardio,
que tuvo tanta muerte entre sus labios como insectos poblándome la sangre.

Cuatro

Digamos que dormido, a la intemperie.
Digamos boca abajo, apenas una sábana.
Llamémosle de un modo, Arcadia, por ejemplo.
Observemos las piernas, las venas de las plantas de los pies.
Observemos la concreción y el gesto pleno de sueño y desmemoria.
Sin ángeles ni espejos.
Sin falsas devociones, sólo un lagarto descansando en la entrepierna la lengua que al
      ir y venir de la salida observa también nuestra mirada.
Observemos cómo levanta la cabeza y nos ausculta, ahora guarda semejanza con la
      yegua, en reposo permanece.
Digamos que la luz viaja por sus piernas y articula tendones,
      los renueva, los fallece.

Firefly of hours, let's say it would be essential for us to kneel down and bend
        towards this venerated jungle.
Let's contemplate the beast, let's move closer slowly.
Let's say that in the Gulf of Arcadia our gaze lingers and our sweat incontinent.
Let's keep her pregnant, native image, distended flesh,
let's touch her and separate her legs a little more:
    now the mare stands up, now her mane tossing around in the air.
This is the promised land and it lies open on the slaughterhouse table.
Let's say that her skin empty of prejudices doesn't fit between our hands,
towards lethargy it drifts, in lethargy her fragments dock.
Let's say that Arcadia once was husband-lover and now sings of agony,
        meridian, she-dictator.
Presents now a nobleman's face and rests.
Rest, beautiful courtesan lady.
Your gaze withdraws from us a little, your lips a little pressed together, if it
        weren't for those others who yield to the lizard's beak.
Rest, beautiful lady, we will kiss your feet in the cove,
        and no one other than us shall claim to have kissed agony.
Let's sample the chalice of the flame that flares up at her ankles,
let's sample the lovely expression of anonymous humility that Arcadia lavishes
        upon us now, human and mortal, lookouts of her realm we observe her.
Pain of the gaze is born, then assaults our limbs.
Arcadia is the Antarctic and a boat dances within the night's thaw.
Arcadia is the boat opening the mountains that swell in the water.
Arcadia is the mare who leaps nervously and trembles, wounded as she is
        by the lizard.
We take her, we mount her:
Atop Arcadia's haunches the world bleeds.
Let's say the sea, calm now, without hysteria, without malice: white and dense
        it congregates at her waist.

Luciérnaga de horas, digamos preciso sea arrodillarnos e inclinarnos a esta selva
    venerada.
Contemplemos a la bestia, acerquémonos despacio.
Digamos que en el golfo de Arcadia se detiene la mirada y el sudor incontinente.
Guardémosla preñada, nativa imagen, carne distendida,
toquémosla y separemos un poco más las piernas:
    ahora la yegua se incorpora, ahora sus crines se revuelven de entre el aire.
Es ésta la tierra prometida y yace abierta sobre la mesa del rastro.
Digamos que su piel vacía de prejuicios no cabe entre las manos,
hacia el letargo se dirige, en el letargo atracan sus fragmentos.
Digamos que alguna vez Arcadia fue amante esposo, ahora canta de agonía,
    meridiana, dictadora.
Ahora muestra la cara de los nobles y descansa.
Descansa, bella dama cortesana.
Un poco tu mirada nos rehuye, un poco tus labios se nos cierran de no ser por
    estos otros que ceden al hocico del legarto.
Descansa, bella dama, besaremos tus pies en la ensenada,
    y nadie aparte de nosotros dirá haber besado la agonía.
Probemos el cáliz de la llama que se incendia en los tobillos,
probemos el hermoso gesto de anónima humildad que Arcadia nos prodiga ahora
    humanos y mortales, vigías de su reino la observamos.
Dolor de la mirada nace, luego asalta nuestros miembros.
Arcadia es el Antártico y un barco baila entre el deshielo de la noche.
Arcadia es el barco abriendo las montañas que en el agua se remontan.
Arcadia es la yegua que nerviosa salta y tiembla herida es por el lagarto.
Nosotros la tomamos, la montamos:
Sobre las ancas de Arcadia el mundo sangra.
Digamos que el mar, ahora quieto, sin la histeria, sin malicia: blanco y espeso
    se congrega en la cintura.

Arcadia dreams, mounts and frees herself.

Sweat at the table, the liquids of alchemy, the bellows and the death rattle, the
       lifeless skin of Arcadia the millennial.

Let's embrace the residue and fragments of these ruins.

Let's say that desire is a revolver, a lizard.

Let's say it's been proven: the flesh is corrupt, accommodating.

Let's observe carefully now, the skin before us, the other territory of this realm.

Sueña Arcadia, cabala y se libera.

En la mesa el sudor, los líquidos de la alquimia, el fuelle y estertor, la piel
      sin vida de la Arcadia milenaria.

Abracemos los restos y fragmentos de estas ruinas.

Digamos que el deseo es un revólver, un lagarto.

Digamos ha quedado comprobado: la carne es corrupta, transigente.

Observemos ahora bien, la piel de enfrente, el otro territorio de este reino.

I'm going to watch

The things

Of this world

I'll watch them

From up close

Stopping

The hours

If necessary

I'm going to watch

How they collide

And are altered

The works of chance

In this world

I'm going to watch

The bottom

of the glass

From which I've drunk

The diameter

Altered

Of the ring

The star

Of the diamond

Which to the ear

The hours

Of the clock

The image

Of my mother

The flowers

That ripen

(POÉTICA)

Voy a mirar

Las cosas

De este mundo

Las miraré

De cerca

Deteniendo

Las horas

Si es preciso

Voy a mirar

Cómo chocan

Y se alteran

Las obras del azar

En este mundo

Voy a mirar

El fondo

De la copa

En que he bebido

El diámetro

Alterado

Del anillo

La estrella

Del diamante

Que al oído

Las horas

Del reloj

La imagen

De mi madre

Las flores

Que maduran

The rain
Of smiles
On postcards
Of absences
Of kisses
And caresses
Fits in me
The watching
And everything
Awaits
Memory
As if I
Were indispensable to it.

La lluvia
De sonrisas
En postales
De ausencias
De besos
Y caricias
Me cabe
La mirada
Y todo
Aguarda
La memoria
Como si yo
Le fuera indispensable.

These poems are from the book *La inmóvil percepción de la memoria (The Immobile Perception of Memory)*.

The first poem titled "Three" is from the series "Of Those We Used to Be and Those We Were."

"La Risca" is a neighborhood in Monterrey. "Real de Catorce" is a spectacularly beautiful mining ghost town in the state of San Luis Potosí, in east-central Mexico.

"Alebrijes," highly complex traditional Mexican craft objects, are whimsical, bright, intricately painted wooden figures, more often than not fantastical animals, usually with articulated limbs and/or wings.

The second poem titled "Three" is from the series "Funerarium."

Ofelia's poetics statement is the sixth poem in the series "Infected the Heart" from the book *La inmóvil percepción de la memoria.*

Estos poemas son del libro *La inmóvil percepción de la memoria.*

La prima poema "Tres" es de la serie "De los que estábamos y éramos".

"La risca" es una colonia en Monterrey.

La seconda poema "Tres" es de la serie "Funeraria".

La poética de Ofelia es el sexto poema de la serie "Infecto el corazón" del libro *La inmóvil percepción de la memoria.*

Dolores Dorantes

Profile. Knife-filed profile like a dart

Lacteal iguana
in Lou's cloister

Lou's labyrinth
ciphered in phrases

Labial lapse
of the white reptile target

For Lou's arrows
the perfect blank target

*Some kids shouting
in play a shot is fired . . .*

Round fortune
plows
a certain pueblo
of thoughts
devastated

Perfil. Filoso perfil como dardo

Iguana láctea
en la jaula de Lou

Laberinto de Lou
cifrado en frases

Lapso labial
del blanco reptil

Para las flechas de Lou
el blanco perfecto

El grito de unos niños
en juego se dispara . . .

Redonda suerte
surca
cierto pueblo
de pensamientos
devastado

A bang! explodes

Palpitate
that you left us

seized

For what
for whom
for which bellicose voice
the link destroyed

the wall raised

Line the Wordcaves
with panther skins . . .

In the deep cave
labyrinthine
dark

the ever more
heated argument

Estalla un ¡bang!

Palpitar
que nos fuiste

arrebatado

Por qué
por quién
por cuál voz bélica
destrozado el vínculo

levantado el muro

☙

Tapiza las cuevas de palabra
con pieles de pantera

En la profunda cueva
laberíntica
oscura

la cada vez más
acalorada discusión

in search of the match or lantern
of the light
of the fire
of the shine of the flame

What time is it?

Irradiates
the ash carapace

The greenish grey
of the flesh

—adulates—

aching the crown
carried by the scarab

Which time?

In a comma
the heart of the fire
in a coma

en búsqueda del fósforo o quinqué
de la luz
del fuego
del brillo de la llama

¿Qué hora es?

Irradia
la coraza de ceniza

el gris verdoso de la carne

—adula—

duele la corona
que carga el escarabajo

¿Qué tiempo?

En coma
el corazón de fuego

rests

sleeps
while the vulture prowls around
the rounds of its infancy

disembodies
in an opening of eyes

from the aperture
the heart appears:

its glow bodied-is
grim: is

Irradiates the ash carapace

Fencewalled
circundressed

in one singlepiece
they selfwrite:
  lanelettrified

milksweetened with tempraness

with changeopia

yace

duerme
mientras el buitre ronda
las rondas de su infancia

desde la abertura
el corazón asoma:

su lumbre es-carne
es: torva

Irradia la coraza de ceniza

Murocercados
circodesnudos

de una solapieza
se autoescriben:
carriletreados

lechendulzados de temperanza

de cambiopía

The greenish grey of the flesh

The uneven tilde
glazying
in the throat

In its isthmian ideal
castle

against walls of flesh
against throbs

(vital running through):

blackens

—adulates—

It's a beating
(I say bad)

I say bad words and topple
the tapestry tedium knits

El gris verdoso de la carne

La tilde impar
glaseante
en la garganta

en su castillo ítsmico
idónea

contra paredes de carne
contra latidos

(traspasando vital):

ennegrece

—adula—

Es un batimiento
(mal digo)

Maldigo y talo
el telón tejido por el tedio

I touch the depths of
all that's confessable

I hear:
rococo-echo
orgasm-spasm: spine

all is flask
putrevocative of sugaring

aching the crown

To put all hands into the water
for you:
to get sappy

Ah! the voices carried on the wind, Karl

Karl, the coffee aromatic
the noise aromatic
the noise of the airplane aromatic
the airplane aromatic

I, I, I, aromatic
sappy

tiento hasta lo profundo
todo lo confesable

oigo:
eco rococó
orgasmo-espasmo: espina

todo es pomo
putroevocativo de azucaramiento

duele la corona

Meter todas las manos en el agua
por ti:
acursilarme

¡Ah! las voces que carga el viento, Karl

Karl, el café de aroma
el ruido de aroma
el ruido del avión de aroma
el avión de aroma

yo, yo, yo de aroma
encursilada

Yes, sappy
because I'm a woman
just so you know

carried by the scarab

Phosphoric
the site that freezes

ductile
to the oil
traversing the needle

On the arm
the nervous little sister
throbs

turbid with temptation
for whom I breathe

Breaking out at the border

The dark shards
of thought

Sí, encursilada
porque soy mujer
para que sepan

que carga el escarabajo

Fosfórico
el sitio que hiela

dúctil
para el aceite
viajando por la aguja

En el brazo
la hermanita nerviosa
late

turbia de tentación
por quien respiro

Brotando en el borde

Los oscuros cristales
del pensamiento

encrust them
into lambskin

work them
until they form stained-glass windows
(mirrors)

Observe
with the blow of the chisel:

find yourself

the button flower of madness

Approach the enigma
(the symbol)

see the tiger
under the bed?

The blood forever
behind the red

or the fire
or the tedium

incrústalos
sobre piel de cordero

lábralos
hasta formar vitrales
(espejos)

Observa
a golpe de cincel:

encuéntrate

la flor botón de la locura

Asómate al enigma
(al símbolo)

¿ves al tigre
debajo de la cama?

La sangre para siempre
detrás del rojo

o el fuego
o el hastío

awake
wakeful unveiled
with no veil to cover it

Blank sand
all that glitters not
on the wall of glass
in the depths of the wall
beside the tin-plate

(the sand aglow)

Mill-like hands
that cut
serve
sift
all that glitters not

the flesh opens half an eye . . .
half a body

Profile
knife-filed profile
like a dart

en vela
desvelada
sin velo que la cubra

Arena en blanco
no todo lo que brilla
en el muro de vidrio
en el fondo del muro
junto a la hoja-lata

(la arena encendida)

De molino las manos
que cortan
sirven
ciernen
no todo lo que brilla

abre la carne de medio ojo . . .
de medio cuerpo

Perfil
Filoso perfil
como dardo

Profile dealt
in the red depth
of hearing:

                                        (hurled)

Laughable
metal flower

Dart in the heart
of the bird that was
in the red depth
of the bird that was:
heard

                              —some time—

                                        appears stabbing

Lou's eyelid closing
audible razor

minute cut short
in the eye that rests

at the foot
of the letter
of the law

                                        . . . disappears . . .

Perfil dado
en el fondo rojo
del oído:

                                        (arrojado)

Risible
flor de metal

Dardo en el corazón
del pájaro que fue
En el fondo rojo
del pájaro que fue:
oído

                              —alguna vez—

                                   aparece punzante

Lou cierra el párpado
navaja audible

minuto cortado
en el ojo que yace

al pie de la letra

                              . . . desaparece . . .

I'm Mexican, and therefore I keep *veladoras* lit in my house, and I do my best to visit the saints every time I travel. The saints, those extant spirits whose laughter begins at dawn and never stops. The question of poetics leads me to explore the intricate ways of the invisible, that which we as poets perceive through our calling. This is why I mention the saints, because poetry will always be related to an interior life. I was born in the South (in Córdoba, Veracruz), and I have mulatto, indigenous, Spanish, and French roots, but I grew up in the North . . . these characteristics aren't visible either: for all intents and purposes I'm a common Mexican woman. But there is something more common still that links me not only to my country but also to Latin America: my calling. When you're a writer in Latin America, it's for no other reason than your need to answer your calling. For a long time, Latin America has bound the hands and feet of every impulse that might generate art, but you can't bind a person's calling. In addition, I grew up in the North, in the desert of Chihuahua, right on the U.S. border. Here people are accustomed to violence, to living with violence, to seeing it as a natural phenomenon. Here we even make love violently. And our poetry, therefore, must bear our fury, our critique, and the seeds of what we might use to construct what we lack. If only we could be empty, empty of hunger, of violence and powerlessness, then we might receive, sow, aspire to a mature love. Yet poets are maintained solely by faith, by calling—and in my case by *veladoras*, saints, bougainvillea. There are those who deny their interior life and use their writing to construct superfluous trinkets, they construct simulacra and don't give, don't take away, don't create. But this is a description of life, not of poetry, a life where we adore the superfluous and confuse our emotions simply because we are frightened of being with ourselves for even a moment. It is these fears I want to strip away. I believe that to write is to know yourself. To write is to reveal yourself and to struggle and to found the world as we desire it, so we might bypass poverty before poverty finishes us off altogether.

Soy mexicana, así que en casa tengo encendidas mis veladoras, y cada vez que viajo procuro visitar a los santos. Los santos, esos que existen y que no dejan de reir desde que amanece. La cuestión de la poética me ha hecho entrar por los caminos intrincados de lo invisible, lo que por vocación percibimos los poetas. Por eso menciono a los santos, porque la poesía va a estar relacionada siempre con la vida interior. Nací en el sur (Córdoba, Veracruz), tengo raíces mulatas, indígenas, españolas y francesas, pero crecí en el norte . . . estas características tampoco son visibles, de entrada soy una mexicana común. Pero hay algo más común que me une no sólo a mi país sino a latinoamérica: la vocación. Cuando alguien es escritor en latinoamérica es nada más porque la vocación se impone. Latinoamérica hace tiempo que ata de pies y manos todas las semillas del arte, pero con la vocación no se puede. Además crecí en el norte, en el desierto de Chihuahua, en la mera frontera con Estados Unidos. Acá las personas estamos acostumbradas a la violencia, a vivir con ella, a verla como algo natural. Hasta el amor se hace de manera violenta en este lado. Y la poesía tiene entonces que cargar la furia, la crítica y la semilla para construir aquello de lo que carecemos. Si tan solo estuviéramos vacíos, vacíos de hambre, de violencia y de impotencia, entonces podríamos recibir, sembrar, aspirar a un amor maduro. Pero a los poetas sólo nos mantiene la fe, la vocación, en mi caso las veladoras, los santos, las bugambilias. Hay quien desconoce la vida interior y construye lo superfluo en lo que escribe, construye simulacros, no da, no quita, no crea. Pero esto es la vida, no la poesía, la vida donde amamos lo superfluo, confundimos las emociones porque sencillamente nos da miedo estar un momento con nosotros mismos. De esos miedos quiero despojarme. Escribir es conocerse, pienso. Escribir es detectarse y combatir y fundar el mundo que se nos antoje, para comernos la pobreza antes de que la pobreza nos acabe.

These poems are from the book *Poemas para niños (Poems for Kids)*.

The epigraph "Line the Wordcaves / with panther skins . . ." is by Paul Celan, from *Fadensonnen/ Threadsuns*, translated by Pierre Joris (Los Angeles: Sun & Moon, 2000).

"Veladoras" are candles lit for religious purposes, often adorned with images of saints, Jesus, or the Virgin.

DOLORES DORANTES, NOTAS

Estos poemas provienen del libro *Poemas para niños*.

El epígrafe "Tapiza las cuevas de palabra / con pieles de pantera . . ." es de Paul Celan, de *Fadensonnen/Hebras de sol*, traducido por Elsa María Fernández-Palacios y Jaime Siles (Madrid: Editorial Visor, Colección Visor de Poesía, 1990).

Laura Solórzano

House Poem:

I explained the reason. I opened the mouth of words and the snuffling expressed its knife. I said: this is the slope, these are the feet, this is the mold of my intimate acts and this life, it is also the evasion of life.

The words stopped sounding. The eyes looked one more time, at the satisfied curve of the sky: clouds of momentary peace and sky that recasts sky. I explained celestial forms in comparison to domestic ones. I displayed old windows, bathroom curtain rods, defunct liquids, indefinite arrangements. I opened the mouth of love to gulp down saliva. But only much later would the new eyes come to see.

Incessant Poem:

It begins to boil. The smoke's gullet, and the automobile's, they find their prey. The gale passes and the divided prayers create new families. Flurries of truth flung out into the street and the street begins to unleash its black bread; the sidewalk to bore into the front wall of what might be ours. Tensions boil and migraines overwhelm the masts of dream. We surround the house, experiencing a useless sensation. The balloon of fear announces us. The monitor's reflection prunes us and the letters flow, describing one after another, invincible circles.

Poema de casa:

Expliqué la razón. Abrí la boca de las palabras y el resoplido expresó su cuchillo. Dije: ésta es la pendiente, éstos son los pies, ésta es la horma de mis íntimas acciones y esta vida, es también evasión de vida.

Las palabras dejaron de sonar. Los ojos miraron una vez más, la curva satisfecha del cielo: nubes de momentánea paz y cielo que recrea el cielo. Expliqué las formas celestes en contraposición con las domésticas. Mostré viejas ventanas, cortineros en baños, líquidos difuntos, arreglos indefinidos. Abrí la boca del amor para tragar saliva. Pero sólo mucho más tarde, los nuevos ojos, llegarían a ver.

Poema incesante:

Empieza a hervir. Las fauces del humo y del automóvil, encuentran su presa. El vendaval pasa y los rezos divididos crean nuevas familias. Remolinos de verdad echada a la calle y empieza la calle a desatar su pan negro; la banqueta a horadar el muro de entrada a lo que podría ser nuestro. Hierven las tensiones y las cefaleas hunden los mástiles del sueño. Rodeamos la casa, viviendo la sensación inútil. Nos anuncia el globo del miedo. Nos poda el reflejo del monitor y las letras corren describiendo uno tras otro, invencibles círculos.

Horizon:

Constructions weaken in the vortex of dust. Abandoned papers beside the decrepit wall, while the sheets undulate the familial flag: infallible odds and ends that call us to assemble later along the bottomless ground. Uneven paradises, alive and full of trash. The lids rarely resuscitate and the pulp furrows the precipice of the drain. Insides that weigh heavy. Density that wanes past. And the space crowded with fragmentary rebozos, deformed leftovers and stains of stiff haystalks, which in the distance seem like well-placed brush strokes.

Speech Poem:

The voice on horseback. I listen to the breaths, the salivation. I listen to the rapid flow of vowels and consonants, the sonorous eddies of the blood, the coagulation that occasions a state of pause, momentary arrest so as to experience the current of words rotating, unseating old sentences, scratching at the silence to penetrate, to intervene with renewed leverage, the ambiguous mouth and little by little with each letter to advance toward the central approach of their meanings, casually endowed with ungovernable equilibrium.

Horizonte:

Desfallecen las construcciones en la vorágine del polvo. Abandonados papeles junto al muro decrépito mientras las sábanas ondean la bandera familiar: infalibles trastos que nos llaman para reunirnos después por los suelos sin fondo. Desnivelados paraísos vivos y basurientos. Las tapas resucitan pocas veces y los bagazos surcan el precipicio del drenaje. Los adentros que pesan. La espesura que pasa. Y el espacio se puebla de fragmentarios rebozos, despojos contrahechos y manchas de zacate tieso, que en la distancia parecen brochazos bien colocados.

Poema del habla:

Cabalga la voz. Escucho los alientos, la salivación. Escucho el flujo rápido de las vocales y consonantes, los remolinos sonoros de la sangre, la coagulación que suscita un estado de pausa, momentáneo arresto para experimentar la corriente de palabras rotando, destituyendo viejas oraciones, arañando el silencio para penetrar, incidir con palancas renovadas la boca ambigua y poco a poco avanzar con cada letra al acercamiento central de los significados, casualmente dotados de ingobernable equilibrio.

Zacoalco or Landscape:

I went along the slope of the days
Moving far as if I were escaping from them, repeating them
In an environmental and vivid sound
I explored the cliffs of transit
Moments springing up like flowers, multiplying
In the astonishment defined by my body
Which exhaled its exact date: the spacious mountains
Made it possible to see the periodical innocence of the landscape

Street Country:

It's this one, the smell. This flying of metallic particles between the teeth. The march continues, their soles reverberate rhythmically and here is the concert, with all its phenomena, with all its children. The flag is surf and heart; domesticated heart that kneels down and is not transformed. This is the smell of the racked street, numbered on the wheel, on the reddest light. We are the pedestrian, the eye, the listener, the guardian, dead leaves withered in the wind's path and the black smoke defeating us with its spilled and dirty particles.

Zacoalco o paisaje:

Anduve por la cuesta de los días
Yéndome lejos como si escapara de ellos, repitiéndolos
En un sonido ambiental y vívido
Exploré los riscos del transitar
Momentos que como flores brotaban, se multiplicaban
En el asombro definido por mi cuerpo
Que exhalaba su fecha exacta: las espaciosas montañas
Permitían ver la periódica inocencia del paisaje

País de la calle:

Es éste el olor. Este volar de partículas metálicas entre los dientes. La marcha sigue, las suelas repercuten rítmicamente y aquí está el concierto, con todos sus fenómenos, con todos sus hijos. La bandera es oleaje y corazón; corazón domesticado que se hinca y no se transforma. Este es el olor de la calle transida, numerada en la rueda, en la luz más roja. Somos el peatón, el ojo, el escucha, el guardián, hojarasca marchita en la carrera del viento y el humo negro derrotándonos con sus partículas vertidas y sucias.

Mute Poem:

I spell out my house in newly dead tree. I spell out Sunday of clear omissions and then languor of a life doubled over and described. Using all the letters, I put a strangeness in the coordinates of a suspended pain. I spell out this throbbing of eyes open where I would think they'd close. Where the bed imposes a palate of months. Letters tend to feel another pronunciation, another labial fissure through which they emerge savage and happy like unexpected panes of glass.

Deluge:

By way of inventing a rivulet on the roof and continuing to struggle with the burning floor tiles and by way of requesting that the water slide cleanly over the dust's exclusive appointments, the rain has responded and our pronunciation has been exactly right. We have been washed by primary substance. Our voice has fallen onto our war and we remain silent watching how the moment's vestments become lost in elusive and incidental texture. The intense waters manufacture a crumbling. We keep quiet, looking at the sky that fertilizes a new reply.

Poema mudo:

Deletreo mi casa en árbol de nueva muerte. Deletreo domingo de claras omisiones y después languidez de vida doblada y descrita. Con todas las letras, pongo una extrañeza en las coordenadas de un dolor suspendido. Deletreo este batir de ojos abiertos donde sospecho se cierran. Donde la cama impone un paladar de meses. Suelen las letras sentir otra pronunciación, otra labial fisura por donde emergen salvajes y alegres como cristales inesperados.

Diluvio:

A fuerza de inventar un riachuelo sobre la azotea y de ir forcejeando con las baldosas quemantes y a fuerza de pedir que el agua se deslice limpiamente sobre los departamentos exclusivos del polvo, la lluvia ha respondido y nuestra pronunciación ha sido exacta. Hemos sido lavados por la sustancia primera. Nuestra voz ha caído sobre nuestra guerra y quedamos en silencio mirando cómo las vestiduras del momento se pierden en textura huidiza y de paso. Las aguas intensas confeccionan un desmoronamiento. Callamos, mirando al cielo que fecunda una nueva contestación.

Early Poem:

I straightened the true fruit
put the water where water should fall
closed the well

the clouds of experience floated
in the adjoining place
I interrupted the vague music

in the hours' insatiable return
in their gift to the circle

I went out to lose my way in the gaze
of quieted animals
I untied the rope from the tangible brain

and received the seeds
of the next voice

Poema temprano:

Enderecé la fruta veraz
puse el agua donde el agua debe caer
cerré el pozo

las nubes de la experiencia flotaron
en el paraje contiguo
yo, interrumpí la música vaga

en el retorno insaciable de las horas
en su dádiva al círculo

salí a extraviarme en la mirada
de animales quietos
solté la cuerda del cerebro tangible

y recibí las semillas
de la próxima voz

Herbarium:

Who would be able to seduce the willow's powerful arms! To climb, propagating the chimerical use of the days, which proffer new buds. The days, which elapse among spaces sun-bleached and swaddled. Those who can grow press their size into elastic fiber: unconscious of their arachnid fear in the downward slant of an evoked cortex. It flowers when the wind releases the frond, when it exudes powder and springs up again, delicate. Thus the circulating survives. Thus the greens recognize that they are naked, but subject to the love of the stalk. Our central question liberates forms, which flee from the dense herbarium of current definitions.

Herbario:

¡Quién pudiera seducir los potentes brazos del sauce! Trepar, propagando el uso quimérico de los días que dan nuevos brotes. Los días que transcurren entre espacios soleados y envueltos. Quien puede crecer, empuja su tamaño en fibra elástica: inconsciente de su temor de arácnido en el declive de una corteza evocada. Florece cuando suelta al viento la fronda, cuando destila polvo y resurge ingrávida. Es así como pervive el circular. Es así como los verdes se saben desnudos, pero sujetos por el amor del tallo. Nuestra central pregunta, libera las formas, que huyen del herbario denso de actuales definiciones.

I believe that over time the poem comes to find and animate its own body.
In language a new organism is formed, of a peculiar and unique density.
I would like for the poetic body to contain the vigor necessary so its movement
    might make it spin and act (toward the eye's ear).

Words are a carnal vehicle. But I suppose it is action, or the emotion of action, which should govern the text. Meanings between words can multiply when we break the ligatures of the predictable; then the possibilities for astonishment increase.

Old forms live in the deepest space of the poem, yet the poem of today or the poetic events that accompany the poem are open to the uncertainty of new voices. On the other hand, novelty itself is never enough, nor its efficacy, if it does not spring from a true immersion in the poet's "I." It is possible for a poet to fail in the attempt to reach her or himself, but that in itself is inherently a gain, the experience of seeking that substance and encountering or illuminating that process.

This interior exploration is indispensible to the poem (to feel and to express in order to arrive at knowing). The voice is not lost when it is truly being itself. I believe that the process of disrupting speech and natural language to produce art should always attend to and signal its own motives. The "I" depends on the "I," on the illogic of its own reason, or the beauty of its irrationality. New roads seek new images, which in turn seek new words (from among the old) and new harmonies.

Creo que a través del tiempo, el poema llega a encontrar y animar
    un cuerpo propio.
Se conforma en el lenguaje un nuevo organismo, de una peculiar y
    única densidad.
Me interesa que en el cuerpo poético exista el vigor necesario para que el
    movimiento lo ponga a girar y actuar (hacia el oído del ojo).

Las palabras son el vehículo carnal. Pero supongo que es la acción o la emoción de la acción lo que debe gobernar en el texto. Los sentidos entre las palabras, pueden propagarse cuando se rompen las ligaduras de lo predecible, y entonces se acrecientan las posibilidades de lo asombroso.

Las viejas formas viven en lo más profundo del poema, sin embargo el poema de hoy o los sucesos poéticos que lo acompañan, se abren a la incertidumbre de las nuevas voces. Por otra parte, nunca es suficiente la novedad, ni su eficacia, si no surge de una inmersión veraz en el Yo del poeta. Puede ocurrir que el poeta fracase en ese intento de llegar a si, pero es ya un fruto, la experiencia de buscar esa sustancia y conocer o alumbrar ese recorrido.

Esta exploración interior es indispensable al poema (sentir y expresar para llegar a saber). La voz no se pierde cuando es verdaderamente ella misma. Creo que el trastorno del habla y de la naturalidad del lenguaje para producir arte, debe atender y señalar siempre sus propias causas. El Yo se debe al Yo, a la ilógica de su razón, o la belleza de su irracionalidad. Los nuevos caminos buscan nuevas imágenes, que a su vez buscan nuevas palabras (entre las viejas), y nuevas armonías.

In excessively safe territories, the poem loses mobility. Risk is imperative. To run the risk that the poem might falter makes room for the actions of creativity. Illustrating the nature of that faltering can itself constitute a positive outcome.

I am passionately excited about poetry as a human expression (artistic and spiritual) capable of reaching an intimate truth. In my own particular case, I enjoy distortions of language as an exercise of freedom. I am seduced by irrationality when it successfully harbors a meaning. (Nonsense as compass?) The body of the poem doesn't always correspond to the body of its words. New species, new organisms of language make their appearance.

En territorios excesivamente seguros el poema pierde movilidad. El riesgo es imprescindible. Asumir el riesgo de que el poema se caiga, permite la acción de la creatividad. Mostrar el carácter de esa caída, puede ser un buen resultado.

Me apasiona la poesía como una expresión humana (artística y espiritual) capaz de alcanzar una verdad íntima. En mi caso particular, la distorsión del lenguaje me gusta como un ejercicio de libertad. Me seduce la irracionalidad cuando logra albergar un sentido. (¿El disparate como brújula?) El cuerpo del poema no siempre corresponde al cuerpo de las palabras. Nuevas especies, nuevos organismos del lenguaje hacen aparición.

LAURA SOLÓRZANO, NOTES

These poems are from the book *Semilla de ficus (Seed of the Ficus)*.

"Rebozos" are traditional Mexican woven shawls, worn both for warmth and, often, to carry infants sling-style.

"Zacoalco" is a small town in the state of Jalisco.

LAURA SOLÓRZANO, NOTAS

Estos poemas son del libro *Semilla de ficus*.

"Zacoalco" es un pueblo pequeño en el estado de Jalisco.

About the Poets / Acerca de las poetas

Cristina Rivera-Garza was born in Matamoros, Tamaulipas, in 1964. She studied sociology at the National Autonomous University of Mexico (UNAM) in Mexico City, and received her Ph.D. in Latin American history from the University of Houston. She has taught at DePauw University, the University of Houston, UNAM, and the Autonomous University of the State of Mexico (UAEM) in Toluca. She currently teaches Mexican history as an associate professor in the History Department at San Diego State University. She has published many articles in academic journals and given talks and keynote speeches at numerous academic conferences. Her prose and poetry have appeared in many literary journals, including *Arena* (the weekly cultural supplement to the Mexico City newspaper *Excelsior*), *Castálida* (Mexiquense Institute of Culture, Toluca), *La Colmena* (UAEM, Toluca), *Papel de Literatura* (Mexico City), *San Quintín* (Monterrey), and *Tierra Adentro* (National Council for Culture and the Arts [CONACULTA], Mexico City). Translations of her poems into English have been published in the United States in *Voices of Mexico* (Mexico City and Texas). She lives in San Diego and Tijuana with her son.

Cristina Rivera-Garza nació en Matamoros, Tamaulipas, en 1964. Estudió sociología en la Universidad Nacional Autónoma de México (UNAM) en la Ciudad de México y recibió su doctorado en historia latinoamericana de la Universidad de Houston. Ha dado cátedra en la Universidad de DePauw, la Universidad de Houston, la UNAM, y la Universidad Autónoma del Estado de México (UAEM) en Toluca. Actualmente da clases de historia mexicana como profesora asociada de la Facultad de Historia de la Universidad de San Diego State. Ha publicado múltiples textos en revistas académicas, y ha dado conferencias y discursos principales en numerosos congresos académicos. Sus prosas y poemas han sido publicados en muchas revistas litererias, entre otras, *Arena* (el suplemento cultural semanal del periódico *Excelsior,* México, D.F.), *Castálida* (Instituto de Cultura Mexiquense, Toluca), *La Colmena* (UAEM, Toluca), *Papel de Literatura* (México, D.F.), *San Quintín* (Monterrey) y *Tierra Adentro* (Consejo Nacional para la Cultura y las Artes [CONACULTA], D.F.). Las traducciones al inglés de sus poemas se han publicado en Estados Unidos en *Voices of Mexico* (México, D.F. y Texas). Vive en San Diego y Tijuana con su hijo.

BOOKS / LIBROS

La guerra no importa (short stories / cuento). México, D.F.: Editorial Joaquín Mortiz y el Instituto Nacional de Bellas Artes, 1991.

La más mía. México, D.F.: Fondo Editorial Tierra Adentro, CONACULTA, 1998.

Nadie me verá llorar (novel / novela). México, D.F.: Tusquets Editores y CONACULTA, 2000.

La Cresta de Ilíon (novel / novela). México, D.F.: Tusquets Editores, 2002.

Ningún reloj cuento esto (novel / novela). México, D.F.: Tusquets Editores, 2002.

Mad Encounters: Psychiatrists and Inmates Debate Gender, Class, and the Nation in Mexico, 1910–1930 (history / historia). Lincoln: University of Nebraska Press, forthcoming / de próxima publicación.

ANTHOLOGIES AND BOOK CHAPTERS / ANTOLOGÍAS Y CAPÍTULOS EN LIBROS

Parte del horizonte: Antología de jóvenes narradores. México, D.F.: UNAM y Punto de Partida, 1982.

Antología de Letras y Dramaturgia. México, D.F.: CONACULTA, 1995.

Camisa de 18 varas: Taller literario Joel Piedra. Toluca: Cuadernos de Malinalco, 1997.

"Becoming Mad in Revolutionary Mexico: Patients at the General Insane Asylum, La Castañeda, Mexico, 1910–1930." In *The Confinement of the Insane, 1800–1965: International Perspectives,* ed. Roy Porter and David Wright. Cambridge: Cambridge University Press, 2001.

"The Criminalization of the Syphilitic Body: Prostitutes, Health Crimes, and Society in Mexico, 1867–1930." In *Law and Punishment in Latin American History: Selected Essays,* ed. Gilbert Joseph and Carlos Aguirre. Durham, N.C.: Duke University Press, 2001.

Carla Faesler Bremer was born in Mexico City in 1967. She studied Political Sciences and Public Administration at the Iberoamerican University in Mexico City, and received her Master of Sciences in Social Policy, Planning and Participation in Developing Countries from the London School of Economics and Political Sciences. She also has a Master's in Aesthetics and Art Theory from the Autonomous University of Madrid. She has worked as co-editor of the cultural supplement to the Mexico City newspaper *El Financiero* and as events director at the Jesús Reyes Heroles Cultural Center in Coyoacán. She currently works as a freelance editor. Her poetry and essays have appeared in *Casa del Tiempo* (Metropolitan Autonomous University, Mexico City), *El Financiero* (Mexico City), *La Jornada Semanal* (the weekly cultural supplement to the Mexico City newspaper *La Jornada*), *Periódico de Poesía* (National Institute of Fine Arts, Mexico City), *Revista Gatopardo* (Bogotá), *Revista X* (Mexico City), and *Viceversa* (Mexico City), among other publications. Her translation of *Alice in Bed*, the only theater piece written to date by Susan Sontag, was presented in Mexico City and Brazil during 1999 and 2000, and in 2001 she collaborated on an experimental stage adaptation of Mary Shelley's *Frankenstein* which was produced widely in Mexico City. She lives with her husband and two children in Mexico City.

Carla Faesler Bremer nació en México, D.F., en 1967. Estudió Ciencias Políticas y Administración Pública en la Universidad Iberoamericana en México D.F., y recibió una maestría en Política Social, Planeación y Participación en Paises en Desarrollo del London School of Economics and Political Sciences. Estudió también una maestría en Estética y Teoría del Arte de la Universidad Autónoma de Madrid. Se ha desempeñado como co-editora del suplemento cultural del periódico *El Financiero*, de la Ciudad de México, y como directora de eventos del Centro Cultural Jesús Reyes Heroles en Coyoacán. Actualmente trabaja como editora independiente. Sus ensayos y poemas han sido publicados en *Casa del*

Tiempo (Universidad Autónoma Metropolitana, México, D.F.), *El Financiero* (México, D.F.), *La Jornada Semanal* (el suplemento cultural semanal del periódico *La Jornada,* México, D.F.), *Periódico de Poesía* (Instituto Nacional de Bellas Artes, México, D.F.), *Revista Gatopardo* (Bogotá), *Revista X* (México, D.F.) y *Viceversa* (México, D.F.), entre otras publicaciones. Su traducción de *Alice in Bed (Alicia en la cama),* la única obra de teatro escrita hasta la fecha por Susan Sontag, se presentó en México, D.F., y en Brazil en 1999 y 2000; en 2001 participó en la adaptación libre para la puesta en escena de la novela *Frankenstein,* de Mary Shelley, que se presentó en varios foros de la Ciudad de México. Vive con su esposo y dos hijos en la Ciudad de México.

BOOKS / LIBROS

Ríos sagrados que la herejía navega (chapbook / plaquette). México, D.F.: Ediciones Mixcóatl, 1996.
No Tú sino la Piedra. México, D.F.: El Tucán de Virginia, 1999.

Angélica Tornero was born in Mexico City in 1959. She studied Communication Sciences at the Metropolitan Autonomous University (UAM) in Mexico City, and received her Ph.D. in Iberoamerican Literature from the National Autonomous University of Mexico (UNAM). In 2002 she completed her Master's in Philosophy at the Iberoamerican University. She currently teaches undergraduate and graduate courses in the Department of Philosophy and Literature at the UNAMO. She is on the faculty of the Master's Program in Planning and Development organized by the Center for Experimentation in the Development of Technological Training, the Autonomous University of Morelos, and the Organization of American States, through which she has taught in both Mexico and Nicaragua. She has participated in numerous conferences, both in Mexico and internationally. Her essays, translations, and poems have appeared in many publications, including *Alforja* (Mexico City), *La Casa del Poeta* (Caracas), *Castálida* (Mexiquense Institute of Culture, Toluca), *Lecturas del Texto* (UNAM, Mexico City), *Fractal* (Mexico City), *Fuentes Humanísticas* (UAM, Mexico City), *Revista de Literatura Mexicana Contemporánea* (El Paso and Mexico City), *Signos* (Guadalajara), and *Sociedad Civil* (Iberoamerican University, Mexico City). In addition, she was one of the researchers for the *Diccionario de Literatura Mexicana del Siglo XX (Dictionary of Twentieth-Century Mexican Literature*, México, D.F.: Instituto de Investigaciones Filológicas, UNAM, 2000). Translations of her poems into English have been published in the United States in *26* (San Francisco Bay Area.) She currently lives in Cuernavaca with her husband.

Angélica Tornero Ciencias de la nació en México, D.F., en 1959. Estudió Comunicación en la Universidad Autónoma Metropolitana (UAM) en México, D.F., y recibió el título de Literatura doctorado en Letras Iberoamericanas de la Universidad Nacional Autónoma de México (UNAM). En 2002 recibió una maestría en Filosofía en la Universidad Iberoamericana. Actualmente es profesora de la facultad de Filosofía y Letras de la UNAM. Forma parte del cuerpo docente de la maestría en Planeación y Desarrollo organizada por el Centro de Experimentación en el Desarrollo de Formación Tecnológica, la Universidad Autónoma de Morelos, y la Organización de Estados Americanos, a través de la cual ha dado cátedra en diversas partes México y en Nicaragua. Ha participado en numerosos congresos nacionales e internacionales. Sus ensayos, traducciones, y poemas han sido publicados en muchas diversas revistas, entre ellas *Alforja* (México, D.F.), *La Casa del Poeta* (Caracas), *Castálida* (Instituto Mexiquense de Cultura, Toluca), *Lecturas del Texto* (UNAM, México, D.F.), *Fractal* (México, D.F.), *Fuentes Humanísticas* (UAM, México, D.F.), *Revista de Literatura Mexicana Contemporánea* (El Paso y México, D.F.), *Signos* (Guadalajara) y *Sociedad Civil* (Universidad Iberoamericana, México, D.F.). Además, fue una de los investigadores del *Diccionario de Literatura Mexicana del Siglo XX* (México, D.F.: Instituto de Investigaciones Filológicas, UNAM, 2000). Las traducciones al inglés de sus poemas se han publicado en Estados Unidos en la revista *26* (Área de la Bahía de San Francisco, CA). Actualmente vive en Cuernavaca con su esposo.

BOOKS / LIBROS

Como calor de tu cuerpo (chapbook / plaquette). Toluca: La Hoja Murmurante, La Tinta del Alcatraz, Gobierno del Estado de México, 1993.

Fotografías en los labios de alguien. México, D.F.: Editorial Praxis, 1997.

Las maneras del delirio: La poética de David Huerta y Francisco Hernández (criticism / crítica). México, D.F.: Coordinación de Humanidades, UNAM, 2000.

Hasta no recoger el corazón de golpe. Toluca: Universidad Autónoma del Estado de México y La Tinta del Alcatraz, 2001.

La letra rota (criticism / crítica). Toluca: Instituto Mexiquense de Cultura, 2002.

ANTHOLOGIES AND BOOK CHAPTERS / ANTOLOGÍAS Y CAPÍTULOS EN LIBROS

"La tentación en la narrativa contemporánea." In *Aproximaciones: Lecturas del texto,* ed. Esther Cohen. México, D.F.: Instituto de Investigaciones Filológicas, UNAM, 1996.

Introducción *Cuentos y poemas en prosa,* de Oscar Wilde. México, D.F.: Consejo Nacional para la Cultura y las Artes (CONACULTA), 2000.

Mujeres poetas en el país de las nubes. Ed. Leticia Luna y Emilio Fuego. México, D.F.: La Cuadrilla de la Langosta y Centro de Estudios de la Mixteca, 2000.

Prólogo a *El primer animal: Poesía reunida, 1964–1995,* by Thelma Nava. México, D.F.: CONACULTA y Secretaría de Educación Pública, 2000.

Vuelta a la casa en 75 poemas. Ed. César Aristides. México, D.F.: Editorial Planeta, 2001.

Ana Belén López Pulido was born in Culiacán, Sinaloa, in 1961. She studied Latin American literature and modern literature at the Iberoamerican University in Mexico City. She was a founding member of the editorial board of the magazine *Poesía y Poética (Poetry and Poetics),* one of the most dynamic literary presences in Mexico City between 1989 and 2000. She has taught at the Iberoamerican

University and the Autonomous University of Sinaloa and leads ongoing private workshops on literature and poetry writing. She also writes a weekly column on poetry and prose for the Mazatlán-based newspaper *Noroeste*. Her poems and essays have appeared in numerous journals, including *Artes de México* (Mexico City), *Casa del tiempo* (Metropolitan Autonomous University, Mexico City), *iichiko* (Tokyo), *Mandorla* (Mexico City), *Media hora* (Chihuahua), *Poesía y Poética* (Mexico City), *sábado* (the weekly cultural supplement to the Mexico City newspaper *unomásuno*), and *Viceversa* (Mexico City). Translations of her poems into English have been published in the United States in *Facture* (Cedar Ridge, Calif.). She currently lives with her husband and two children in Mazatlán, Sinaloa.

Ana Belén López Pulido nació en Culiacán, Sinaloa, en 1961. Estudió Letras Latinoamericanas y Letras Modernas en la Universidad Iberoamericana en México, D.F. Fue miembra fundadora del consejo editorial de la revista *Poesía y Poética*, una de las fuerzas literarias más dinámicas de la Ciudad de México entre 1989 y 2000. Ha dado clases en la Universidad Iberoamericana y la Universidad Autónoma de Sinaloa, y dirige talleres privados de literatura y creación literaria. Escribe, además, una nota semanal de prosa y poesía para el periódico *Noroeste* de Mazatlán. Sus poemas y ensayos han sido publicados en varias revistas, entre ellas *Artes de México* (México, D.F.), *Casa del tiempo* (Universidad Autónoma Metropolitana, México, D.F.), *iichiko* (Tokio), *Mandorla* (México, D.F.), *Media hora* (Chihuahua), *Poesía y Poética* (México, D.F.), *sábado* (el suplemento cultural semanal del periódico *unomásuno*, de México, D.F.) y *Viceversa* (México, D.F.). Las traducciones al inglés de sus poemas se han publicado en Estados Unidos en la revista *Facture* (Cedar Ridge, Calif.). Vive con su esposo y dos hijos en Mazatlán, Sinaloa.

BOOKS / LIBROS

Alejándose avanza. México, D.F.: Fondo Editorial Tierra Adentro, Consejo Nacional para la Cultura y las Artes, 1993.

Ellas, voces, poemas (ed.). México, D.F.: Artes de México, 1996.
Del barandal. México, D.F.: Ediciones Sin Nombre, 2001.

ANTHOLOGIES / ANTOLOGÍAS

Las divinas mutantes, ed. Aurora Marya Saavedra. México, D.F.: Universidad Nacional
Autónoma de México, 1996.
Poesía latinoamericana del siglo XXI: El turno y la transición, ed. Julio Ortega. México,
D.F.: Editorial Siglo XXI, 1997.

Silvia Eugenia Castillero was born in Mexico City in 1963. She studied
literature at the University of Guadalajara and received her Ph.D. in Spanish-
American literature from the Sorbonne. She has taught Spanish and Spanish-
American literature to high school and college students, worked as a researcher at
the Creative Writing Center of the University of Guadalajara, and worked as a
children's literature editor. Her poems and essays have been published in many
magazines, including *Biblioteca de México* (Mexico City), *El Cocodrilo Poeta*
(Mexico City), *La Gaceta* (Fonda de Cultura Económica, Mexico City), *Letras Libres*
(Mexico City), *Paréntesis* (Mexico City), *Péñola* (Guadalajara), and *Zenzontli*
(Guadalajara). She currently writes regularly for *Acento* (the weekly cultural
supplement to the Morelia newspaper *La voz de Michoacán*), *Caravansary* (the
weekly cultural supplement to the Tabasco newspaper *Tabasco Hoy*), *La Jornada
Semanal* (the weekly cultural supplement to the Mexico City newspaper *La
Jornada*), and *Hoja por Hoja* (the monthly literary criticism supplement which is
published in various Mexican newspapers). Translations of her poems into English
have been published at Poets & Poems, the St. Mark's Poetry Project website
(http://www.poetryproject.com/poets.html). She lives in Guadalajara with her
husband and children.

Silvia Eugenia Castillero nació en México, D.F., en 1963. Estudió letras en la Universidad de Guadalajara, y recibió su doctorado en literatura Hispanoamericana de la Sorbonne. Ha dado clases de literatura española e hispanoamericana para estudiantes de la preparatoria y la universidad, trabajado como investigadora en el Centro para la Escritura de Creación de la Universidad de Guadalajara, y laborado como editora de literatura juvenil. Sus poemas y ensayos han sido publicados en muchas revistas, entre otras, *Biblioteca de México* (México, D.F.), *El Cocodrilo Poeta* (México, D.F.), *La Gaceta* (Fonda de Cultura Económica, México, D.F.), *Letras Libres* (México, D.F.), *Paréntesis* (México, D.F.), *Péñola* (Guadalajara) y *Zenzontli* (Guadalajara). Es colaboradora regular de las publicaciones *Acento* (el suplemento cultural semanal del periódico *La voz de Michoacán,* de Morelia), *Caravansary* (el suplemento cultural semanal del periódico *Tabasco Hoy,* de Tabasco), *Hoja por Hoja* (el suplemento mensual de crítica literaria que se publica en diversos periódicos de todo México) y *La Jornada Semanal* (el suplemento cultural semanal del periódico *La Jornada,* de México, D.F.). Las traducciones al inglés de sus poemas se han publicado en Poets & Poems, el sitio web del St. Mark's Poetry Project (http://www.poetryproject.com/poets.html). Vive en Guadalara con su esposo e hijos.

BOOKS / LIBROS

Entre dos silencios, la poesía como experiencia (essays / ensayo). México, D.F.: Fondo Editorial Tierra Adentro, Consejo Nacional para la Cultura y las Artes (CONACULTA), 1992.

Como si despacio la noche. Colección Orígenes, Guadalajara: Secretaría de Cultura de Jalisco, 1993.

Nudos de luz, with prints by Rigoberto Padilla / con grabados de Rigoberto Padilla. Guadalajara: Ediciones Sur y Universidad de Guadalajara, 1995.

Zooliloquios / Zooliloques. Translated by Claude Couffon. Bilingual Spanish-French ed. / Edición bilingüe español-francés. Paris: Indigo Editions, 1997.

ANTHOLOGIES / ANTOLOGÍAS

Un día con otro (calendar / calendario), ed. Ricardo Yáñez. Guadalajara, 1987.

Flor de poesía en Guadalajara, ed. Jesús Rodríguez Gurrola. Guadalajara: Ayuntamiento de Guadalajara, 1988.

Poesía reciente de Jalisco, ed. Raúl Aceves, Raúl Bañuelos, y Dante Medina. Guadalajara: Universidad de Guadalajara, 1989.

Anuario de poesía. México, D.F.: Instituto Nacional de Bellas Artes, 1991.

Calendario de palabras: Doce poetas jóvenes. Guadalajara: Consejo Estatal de la Cultura y las Artes de Jalisco, 1992.

10 poetas jóvenes de México, ed. José Eduardo Serrato. México, D.F.: Alpe Ediciones, 1996.

Écritures latino-américaines de fin de siècle à Paris, Poésie, ed. Jorge Torres. Paris: Éditions Vericuetos, 1998.

Tiro al blanco: Poesía última de Guadalajara, ed. Jorge Orendáin, Felipe Ponce, y Alejandro Zapa. Guadalajara: Ediciones Arlequín, 1998.

Jóvenes creadores: Antología de letras y dramaturgia, 1998–1999. México, D.F.: CONACULTA, 1999.

Lumières du Sud: Portraits et récits d'écrivains d'Amérique Latine. Ed. Daniel Mordzinski. Paris: Editions En Vues, 1999.

Bestiario inmediato: Muestra de poesía mexicana contemporánea, ed. César Arístides. México D.F.: Ediciones Coyoacán, 2000.

Cordillera de sombras. México D.F.: Universidad Nacional Autónoma de México, 2000.

Mujeres que besan y tiemblan: Antología mexicana de poesía erótica femenina, ed. Carmen Villoro. México D. F.: Editorial Planeta Mexicana, 2000.

Mónica Nepote was born in Guadalajara, Jalisco, in 1970. She studied Spanish-American literature at the University of Guadalajara. For a number of years she worked as head news editor for Channel 22 television, where she now writes the visual arts portion of the telemagazine "Luz verde" on the same channel. She currently works as a freelance writer and editor. She has published poetry, essays, chronicles, and literary criticism in many widely distributed newspapers and magazines based primarily in Mexico City, including *El Ángel, Biblioteca de*

México, Crónica Dominical (the weekly cultural supplement to the newspaper *Crónica*), *La Jornada Semanal* (the weekly cultural supplement to the newspaper *La Jornada*), *Nexos, Nostromo, Ovaciones en la Cultura* (the cultural supplement to the newspaper *Ovaciones*), and *Sábado* (the weekly cultural supplement to the newspaper *unomásuno*). Translations of her poems into English have been published in the United States in the magazine *Rhizome* (Los Angeles) and in the online version of *Exquisite Corpse* (http://www.corpse.org/issue_3). She lives in Mexico City with her husband and daughter.

Mónica Nepote nació en Guadalajara, Jalisco, en 1970. Estudió Letras Hispanoamericanas en la Universidad de Guadalajara. Durante varios años, se desempeñó como jefa de redacción del área de noticias de Canal 22, donde ahora está a cargo de la sección de artes visuales en la revista televisiva "Luz verde." Actualmente trabaja como escritora y editora independiente. Ha publicado poesía, ensayo, crónica, y crítica literaria en numerosos periódicos y revistas de circulación nacional, basados principalmente en México, D.F., entre otros El Ángel, (el suplemento cultural semanal del periódico *Reforma*), *Biblioteca de México, Crónica Dominical* (el suplemento cultural semanal del periódico *Crónica*), *La Jornada Semanal* (el suplemento cultural semanal del periódico *La Jornada*), *Nexos, Nostromo* (el suplemento cultural semanal del periódico *Siglo 21,* de Guadalajara), *Ovaciones en la Cultura* (el suplemento cultural semanal del periódico *Ovaciones*) y *Sábado* (el suplemento cultural semanal del periódico *unomásuno*). Las traducciones al inglés de sus poemas se han publicado en Estados Unidos en la revista *Rhizome* (Los Angeles) y en la versión internet de la revista *Exquisite Corpse* (http://www.corpse.org/issue_3). Vive en la Ciudad de México con su esposo e hija.

BOOKS / LIBROS

Trazos de noche herida. México, D.F.: Fondo Editorial Tierra Adentro, Consejo Nacional para la Cultura y las Artes (CONACULTA), 1993.
Islario (chapbook / plaquette). Serie poesía. Guadalajara: Cuadernos de Filodecaballos, 2001.

ANTHOLOGIES / ANTOLOGÍAS

Calendario de palabras: Doce poetas jóvenes. Guadalajara: Consejo Estatal de la Cultura y
    las Artes de Jalisco, 1992.
Ellas, voces, poemas, ed. Ana Belén López. México, D.F.: Artes de México, 1996.
Poetas de Tierra Adentro III, ed. Thelma Nava. México, D.F.: Fondo Editorial Tierra Adentro,
    CONACULTA, 1997.
El manantial latente, ed. Hernán Bravo y Ernesto Lumbreras. México, D.F.: Fondo Editorial
    Tierra Adentro, CONACULTA, 2002.

Dana Gelinas was born in Monclova, Coahuila, in 1962. She studied Philo-
sophy at the University of Guanajuato. She has worked as a Spanish / English
editor for a number of projects, including at Grolier Press and the magazine *Sacbé,*
and has translated texts from English to Spanish for the Tabasco Cultural Institute,
the National Institute of Anthropology and History, and Editorial Diana. She
currently works as a translator for Reader's Digest Condensed Novels. The many
poets she has translated into Spanish include Elizabeth Bishop, William Blake,
Emily Dickinson, Lawrence Ferlinghetti, W. S. Merwin, and Donald Justice. Her
poems and translations have been published in numerous literary journals,
including *Cantera Verde* (Mexico City), *El Caracol Marino* (Mexico City), *Castálida*
(Toluca), *Periódico de Poesía* (National Institute of Fine Arts, Mexico City), *Pauta*
(Mexico City), *Sacbé* (Mexico City), *Tierra Adentro* (National Council for Culture
and the Arts [CONACULTA], Mexico City), and in the weekly cultural supplements
of various Mexico City–based newspapers, including *La Jornada, El Nacional,* and
unomásuno. Translations of her poems into English have been published in the
United States in *The Marlboro Review* (Marlboro, Vt.). She currently lives in Mexi-
co City with her husband and two daughters.

Dana Gelinas nació en Monclova, Coahuila, en 1962. Estudió Filosofía en la
Universidad de Guanajuato. Se ha desempeñado como editora español / inglés

para diversos proyectos, entre ellos a la Editorial Grolier y la revista *Sacbé*, y ha traducido del inglés al español para el Instituto de Cultura de Tabasco, el Instituto Nacional de Antropología e Historia, y la Editorial Diana. Actualmente pertenece al equipo de traductores de Reader's Digest para Novelas Condensadas. Entre los muchos poetas que ha traducido se encuentran Elizabeth Bishop, William Blake, Emily Dickinson, Lawrence Ferlinghetti, W. S. Merwin, y Donald Justice. Se han publicado sus poemas y traducciones en muchas revistas literarias, entre ellas *Cantera Verde* (México, D.F.), *El Caracol Marino* (México, D.F.), *Castálida* (Toluca), *Periódico de Poesía* (Instituto Nacional de Bellas Artes, México, D.F.), *Pauta* (México, D.F.), *Sacbé* (México, D.F.), *Tierra Adentro* (Consejo Nacional para la Cultura y las Artes [CONACULTA], México, D.F.), y en los suplementos culturales semanales de varios periódicos basados en la Ciudad de México, entre ellos *La Jornada, El Nacional* y *unomásuno*. Las traducciones al inglés de sus poemas se han publicado en Estados Unidos en *The Marlboro Review* (Marlboro, Vt.). Vive en México, D.F., con su esposo y dos hijas.

BOOKS / LIBROS

Bajo un cielo de cal. México, D.F.: Fondo Editorial Tierra Adentro, CONACULTA, 1991.
La aguja del corazón / Heart's Needle (trans.). W. D. Snodgrass. México, D.F.: Editorial Aldus y Cabos Sueltos, 1999.

ANTHOLOGIES / ANTOLOGÍAS

Poetas de Tierra Adentro II, ed. Héctor Carreto. México, D.F.: Fondo Editorial Tierra Adentro, CONACULTA, 1994.
Elogio de la calle: Historia literaria de la ciudad de México, ed. Vicente Quirarte. México, D.F.: Cal y Arena, 2001.

María Rivera was born in Mexico City in 1971. She is a graduate of the writing program at the Sociedad General de Escritores Mexicanos (SOGEM, Mexican Writers' General Society). She recently received a year-long fellowship from the Centro Mexicano de Escritores (Mexican Writers' Center) to work on her next book. In 2001 she was a participant in the "Arte por todas partes" ("Art Everywhere") program run through the Government of Mexico City's Ministry of Culture, designed to make a myriad of creative projects more accessible to the general public in Mexico City. Her poems have appeared in numerous journals and cultural supplements based in Mexico City and distributed throughout Mexico, including *Blanco Móvil*, *Crónica Dominical* (the weekly cultural supplement to the newspaper *Crónica de Hoy*), *Domingo* (the weekly cultural supplement to the newspaper *Público*), *Periódico de Poesía* (National Institute of Fine Arts), and *Sábado* (the weekly cultural supplement to the newspaper *unomásuno*). Translations of her poems into English have been published in the United States in the magazine *26* (San Francisco Bay Area, CA). She lives in Mexico City, where she works as publicity coordinator at the Casa del Poeta Ramón López Velarde (Ramón López Velarde Poet's House), one of the most active poetry centers in the city, run by the Nacional Council for Culture and the Arts (CONACULTA).

María Rivera nació en México, D.F., en 1971. Es egresada de la Sociedad General de Escritores Mexicanos (SOGEM). Recientemente, recibió una beca del Centro Mexicano de Escritores para elaborar su próximo libro. En el año 2001 participó en el programa "Arte por todas partes" de la Secretarío de Cultura del Gobierno de la Ciudad de México, que buscó dar mayor acceso al público en general a diversos proyectos artísticos. Sus poemas han sido publicados en varios revistas y suplementos culturales basados en la Ciudad de México y distribuidos en todo Mexico, entre otros, *Blanco Móvil*, *Crónica Dominical* (el suplemento cultural semanal del periódico *Crónica de Hoy*), *Domingo* (el suplemento cultural semanal del periódico *Público*), *Periódico de Poesía* (Instituto Nacional de Bellas Artes), y *Sábado* (el suplemento cultural semanal del periódico *unomásuno*). Las traducciones al inglés de sus poemas se han publicado en Estados Unidos en la revista *26* (Á de la Baía de San Fransico, CA.) Vive en México, D.F., donde se desempeña como jefa de prensa de la Casa del Poeta Ramón López Velarde, uno de los centros literarios más activos de la ciudad, un proyecto del Consejo Nacional para la Cultura y las Artes (CONACULTA).

BOOKS / LIBROS

Traslación de dominio. México, D.F.: Fondo Editorial Tierra Adentro, CONACULTA, 2000.

ANTHOLOGIES / ANTOLOGÍAS

Abanico Virtual: Obra colectiva de la XIII generación de la Escuela de Escritores de Sogem. México, D.F.: SOGEM, 1994.
Tierra de palabras: Tres poetas. México, D.F.: El Erizo de Arquíloco, 1997.
Poesía orgánica. México, D.F.: Ediciones Urania, Instituto Politécnico Nacional, 2000.
El manantial latente, ed. Hernán Bravo y Ernesto Lumbreras. México, D.F.: Fondo Editorial Tierra Adentro, CONACULTA, 2002.

Ofelia Pérez Sepúlveda was born in Guadalupe, Nuevo León, in 1970. She studied Spanish literature at the Autonomous University of Nuevo León in Monterrey. She works as a writer and producer at the Nuevo León Radio Network and as coordinator at the Centro Regional de Información, Promoción, e Investigación de la Literatura del Noreste (Northeast Regional Center for Literary Information, Promotion, and Research). Her poems have been published in the magazines *Etcétera* (Mexico City), *Fronteras* (Mexico City), and *Tierra Adentro* (Consejo Nacional Para la Cultura y las Artes [CONACULTA] Mexico City). She lives in Monterrey.

Ofelia Pérez Sepúlveda nació en Guadalupe, Nuevo León, en 1970. Estudió Letras Españolas en la Universidad Autónoma de Nuevo León en Monterrey.

Trabaja como escritora y productora de Sistema Radio Nuevo León, y como coordinadora del Centro Regional de Información, Promoción, e Investigación de la Literatura del Noreste (CRIPIL). Sus poemas han sido publicados en las revistas *Etcétera* (México, D.F.), *Fronteras* (México, D.F.) y *Tierra Adentro* (CONACULTA, México, D.F.). Vive en Monterrey.

BOOKS / LIBROS

Doménico. Serie Abrapalabra. Nuevo León: Ayuntamiento de Guadalupe, 1993.
De todos los santos: herejes (chapbook / plaquette). Colección Toque de Poesía. Guadalajara: Ediciones Toque, 1995.
Cuartos privados. Serie Poesía. Monterrey: Fondo Estatal para la Cultura y las Artes de Nuevo León, 1997.
La inmóvil percepción de la memoria. Colección los ojos del secreto. México, D.F.: Verdehalago y Fondo Estatal para la Cultura y las Artes de Nuevo León, 2000.

Dolores Dorantes was born in Córdoba, Veracruz, in 1973 and raised in Ciudad Juárez, Chihuahua. She studied Hispano-Mexican literature at the Autonomous University of Ciudad Juárez, and is currently studying toward a B.A. in art with a focus on translation at the University of Texas, El Paso. She works as a freelance journalist—at different times writing, editing, proofreading, taking photographs, and doing documentary research—for many local and national newspapers, and for radio and television stations in Ciudad Juárez. With Juan Manuel Portillo, she co-edits Editorial Frugal, which counts among its activities publication of the monthly broadside series Hoja Frugal, printed in editions of 1,000 and distributed free throughout Mexico. Her poems and critical writings have appeared in many literary journals, newspapers, and cultural supplements, including *Alforja* (Mexico City), *Casa del Tiempo* (Autonomous Metropolitan University, Mexico City), *La Jornada* (Mexico City), *Norte* (Ciudad Juárez), *Política* (Veracruz), *Síntesis* (Puebla), *El Sur*

(Veracruz), *Tierra Adentro* (National Council for Culture and the Arts [CONACULTA], Mexico City), and *Voces* (Tabasco), and have been translated into Dutch for publication in the magazine *Mandel* (Amsterdam). Translations of her poems into English have been published in the United States in *Provincetown Arts* (Provincetown, Mass.) and in the magazine *Kenning* (Buffalo, N.Y.). She lives in Ciudad Juárez.

Dolores Dorantes nació en Córdoba, Veracruz, en 1973 y se crió en Ciudad Juárez, Chihuahua. Estudió letras Hispanomexicanas en la Universidad Autónoma de Ciudad Juárez, y actualmente está estudiando la licenciatura en arte con enfoque en la traducción, en la Universidad de Texas, El Paso. Trabaja como periodista independiente—en distintos momentos escribe, corrige estilo, revisa pruebas, fotografía, y hace investigación documental—para diversos periódicos locales y nacionales, y también para estaciones de radio y televisión de Ciudad Juárez. Junto con Juan Manuel Portillo, es coeditora de Editorial Frugal, que entre otras actividades publica mensualmente la Hoja Frugal, impresa en ediciones de 1,000 y distribuida gratis en todo México. Sus poemas y críticas han sido publicados en varias revistas literarias periódicos y suplementos culturales, entre ellos *Alforja* (México, D.F.), *Casa del Tiempo* (Universidad Autónoma Metropolitana, México, D.F.), *La Jornada* (México, D.F.), *Norte* (Ciudad Juárez), *Política* (Veracruz), *Síntesis* (Puebla), *El Sur* (Veracruz), *Tierra Adentro* (Consejo Nacional para la Cultura y las Artes [CONACULTA], México, D.F.) y *Voces* (Tabasco), y han sido traducidos al holandés para publicación en la revista *Mandel* (Amsterdam). Las traducciones al inglés de sus poemas se han publicado en Estados Unidos en *Provincetown Arts* (Provincetown, Mass.) y en la revista *Kenning* (Buffalo, N.Y.). Vive en Ciudad Juárez.

BOOKS / LIBROS

A título de muestra. Chihuahua: Instituto Chihuahuense de la Cultura (ICHICULT), 1996.
Poemas para niños. México, D.F.: Ediciones El Tucán de Virginia, 1999.

Para Bernardo: Un eco. México, D.F.: MUB editoraz, 2000.

SexoPUROsexoVELOZ (chapbook / plaquette). Serie Poesía. Guadalajara: Cuerdernos del *filodecaballos,* 2002.

Lola (Cartes Cortes). Mexico, D.F.: Fondo Editorial Tierra Adentro, CONACULTA, 2002.

ANTHOLOGIES / ANTOLOGÍAS

Poetas de Tierra Adentro III, ed. Thelma Nava. México, D.F.: Fondo Editorial Tierra Adentro, CONACULTA, 1997.

Químicamente puras: Memoria del primer encuentro de mujeres poetas del estado de Chihuahua, ed. Rafael Ávila. Chihuahua: Onomatopeya Editores, ICHICULT, 1997.

Babel, ed. Carlos Manuel Cruz Meza. Xalapa: Gobierno del Estado de Veracruz, 2001.

Nos queremos casar de rojo. México, D.F.: MUB editoraz, 2001.

Manantial latente, ed. Ernesto Lumbreras. México, D.F.: Fondo Editorial Tierra Adentro, CONACULTA, 2002.

Laura Solórzano was born in Guadalajara, Jalisco, in 1961. She studied psychology at the University of Guadalajara, where she wrote a thesis on the experiences of mental hospital inpatients, after working in mental hospitals in both Guadalajara and London. She received her master's in visual arts from the San Carlos Art Academy at the National Autonomous University of Mexico in Mexico City, and studied Mexican literature at the Autonomous Metropolitan University, also in Mexico City. Her poems have been published in *Hoja Frugal* (Ciudad Juárez), *Juglares y alarifes* (Guadalajara), *Luvina* (Guadalajara), *Renglones* (Guadalajara), *Trashumancia* (Guadalajara), and *El Zahir* (Guadalajara). Translations of her poems into English have been published in the online journal *How2* (http://departments.bucknell.edu/stadler_center/how2/current/index.html). She currently runs a small, independent business as a textiles artisan in Guadalajara, where she lives with her three children.

Laura Solórzano nació en Guadalajara, Jalisco, en 1961. Estudió psicología en la Universidad de Guadalajara, donde escribió una tesis acerca de las experiencas de los internados en hospitales mentales, después de trabajar en tales hospitales en Guadalajara y Londres. Recibió su maestría en artes plásticos de la Academía de Arte San Carlos, parte de la Universidad Nacional Autónoma de México en México, D.F., y estudió Letras Mexicanas en la Universidad Autónoma Metropolitana, también en la Ciudad de México. Se han publicado poemas suyos en *Hoja Frugal* (Ciudad Juárez), *Juglares y alarifes* (Guadalajara), *Luvina* (Guadalajara), *Renglones* (Guadalajara), *Trashumancia* (Guadalajara) y *El Zahir* (Guadalajara). Las traducciones al inglés de sus poemas se han publicado en la revista de internet *How2* (http://www.departments.bucknell.edu/stadler_center/how2/current/index. html). Actualmente tiene un pequeño negocio independiente como artesana de textiles en Guadalajara, donde vive con sus tres hijos.

BOOKS / LIBROS

Evolución. Guadalajara: Universidad de Guadalajara, 1976.
lobo de labio (chapbook / plaquette). Serie poesía. Guadalajara: Cuadernos de *filode-caballos,* 2001.
Semilla de Ficus. Tlaxcala: Ediciones Rimbaud, 1999.

ANTHOLOGIES / ANTOLOGÍAS

Poesía Reciente en Jalisco, ed. Raúl Aceves, Raúl Bañuelos, y Dante Medina. Guadalajara: Colección del Centro de Estudios Literarios, Universidad de Guadalajara, 1989.